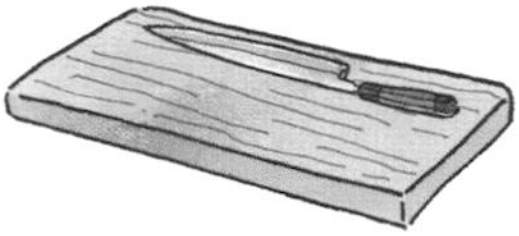

透過「食卓」看日本，
從各時代菜單演變，
到器皿、裝盤、上菜知識，
拆解和食文化和奧祕

圖解
究極日本料理

長島博 監修
邱香凝 譯

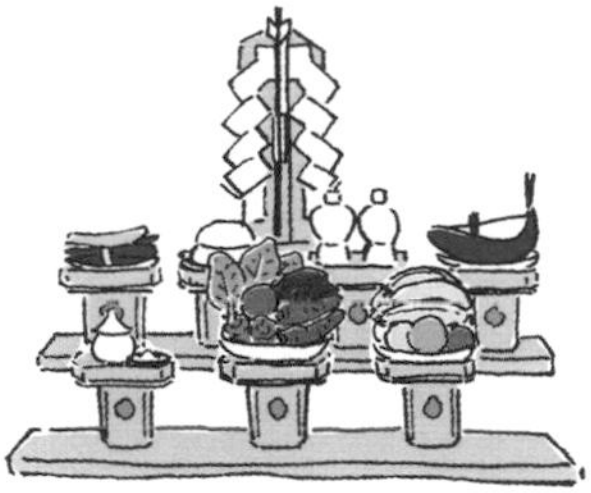

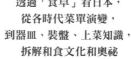

前言

日本飲食正受到世界矚目。根據日本農林水產省統計，二〇一九年「海外日本飲食餐廳」的數量已攀升至十五萬六千店，相較之下，二〇〇六年僅只有大約兩萬四千店，大約成長了六倍。從二〇一七年的十一萬八千店也增加了大約三成。

二〇一三年十二月，「和食；日本人傳統飲食文化——以正月為例——」由聯合國教科文組織認定為世界非物質文化遺產，全球對日本飲食文化的關注日益高升。

儘管日本飲食正盛，我們日本人對日本傳統飲食文化卻似乎沒有充分了解。市面上出版了很多介紹日本飲食文化及歷史的書，可是對新世代的年輕人來說，那些書多半看起來門檻很高，教人難以接觸……不如用淺顯易懂的漫畫形式來介紹日本的飲食文化吧——正是這個念頭，促成了這本書的誕生。

說到傳統與歷史，你或許覺得那是離自己很遠的東西。

可是……

為什麼白米飯沒有調味，吃起來還是那麼美味？

為什麼正月要吃「御節料理」？

為什麼日本料理那麼重視刀工？

就像這樣，從「為什麼？」出發，深入探究平常未經深思的主題，其中必然有那麼做的原因，以及與日本風土民情息息相關的背景。前人配合日本的風土民情，花費種種巧思，將傳統飲食文化傳遞下來。當我們認識了這些文化內容，終於能夠理解「原來如此，這就是那麼做的原因啊！」想必有時也會感到驚訝，有時甚至深受感動。再次體認到，圍繞著飲食的行為、科學、民俗、思想、經濟與社會等環環相扣，孕育出獨特的飲食文化，從而產生「想了解更多！」的心情。

這本書以料理技術之外的事物作為中心，致力於介紹日本飲食的本質與其相關觀念。考量到現今進入全球化的時代，也在書中加入與海外飲食文化比較的觀點。如果本書能促成讀者進一步思考日本飲食文化的傳承與未來，將會是筆者無上的榮幸。

長島博

二〇一三年十二月「和食」受聯合國教科文組織認定為世界非物質文化遺產後，在提及日本飲食文化時，「和食」一詞的使用已漸漸普遍。本書的第一到第三章主要介紹料理人秉持料理技術製作的日本料理，因此使用「日本料理」一詞。

目次

みそ

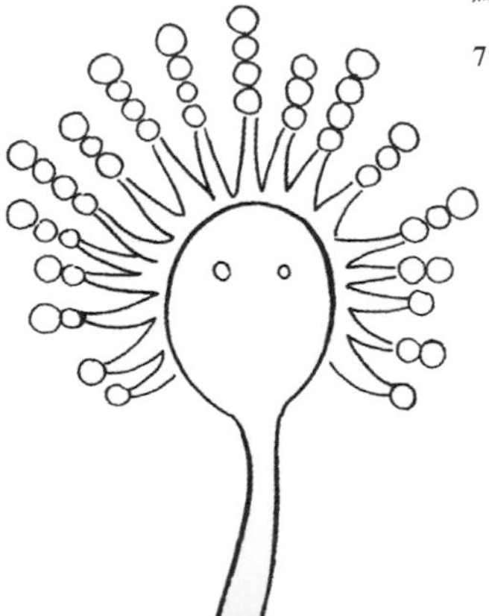

學、你畢業後打算怎麼辦——
欸？我嗎？
其實，我想要當個廚師……
我有點嚮往這個行業。
嘿嘿嘿
不如繼承家業吧？
學（17）
為升學就業煩惱的高中生
不錯嘛
很酷啊
那就是職人了耶
耶嘿嘿……
我要成為廚師！
爺爺，好久不見！
教我怎麼用菜刀吧！
……
……
師傅（70）
原本是某料亭的料理長。現在在東京舊城區開一間（知道的人就知道的）日本小料理店。
艾瑪（21）
法國人。為了學習日本料理來到日本。在師傅帶領下學習廚藝。

那我
問你……
你知道
日本料理的
起源嗎？
緊盯
欸……！
為什麼
在日本料理中
特別重視
「刀工」？
什麼是發酵？
所謂「鮮味」
又是什麼？
逼近
欸……
這個嘛……
那種事
我是
不知道啦…
可是
就算不知道
只要能好好
運用菜刀
不就能
成為
廚師了嗎……
咦……？
怎麼覺得
爺爺今天
好可怕……？
笨蛋東西！
連料理的背景都不知道
怎麼可能做得出
好的日本料理！
你先去給我
好好學習吧！
火大——
欸——…
難道說
艾瑪妳
都知道嗎？
這是常識啊。
哈——
我從還在
法國的時候
就開始學習關於
日本料理
的事了。
可惡——
怎能輸給她——……
笑咪咪
無法反駁
於是，學決定
要開始學習
日本料理的常識。

日本料理的形成，與日本的風土有密不可分的關係。首先就從日本的風土開始說明吧。
我也和學一起從零開始學。想試著和歐美的飲食文化做比較。
希望學習之後，遇到外國人問我關於日本料理的事，我也能夠回答得出來。

第一章

為日本料理塑型的八大支柱

米／水／木／魚／神饌
菜刀／發酵／鮮味

1-1
米
首先，你知道對日本人來說米有多麼重要嗎？
咳咳
我知道啊。畢竟這是主食嘛。
得意
這樣說也沒錯，可是……
事實上米和日本的風土有密切的關係喔。
雖然現在日本到處都有廣闊的平原田畝，
日本國土中，從山頂到海邊的距離很短，有很多急流的河川。從前因為河川氾濫，造成日本許多平原都變成了溼地的狀態。
你認為戰國時代，除了軍事力量之外，武將們還會競爭哪種能力？
開發田地的能力嗎？
說到戰國當然是……
忍者！
忍者就算是軍事力了吧？
……
……

艾瑪是對的。對當時的人們來說，米就和錢沒兩樣。米的收成數量=國力。正因如此，各地大名貴族努力治水，接二連三地新增了更多的田地。
我們現在住的都市，大多數都是當時開拓出來的喔。
德川家康
咦？東京也是？
武田信
加藤清正
整治
利根川
整治
白川
整治
釜無川
家康在江戶設立幕府時，改變了利根川的流向，整治氾濫成災的河川，將水路引進田地，成為灌溉水源。
如此一來就誕生了一塊豐饒的白米產地。那就是現在的關東平原。
哇，
這裡根本不能安居……
到處都是溼地
想住得更安心！
現在的利根川
關東平原
用這種方式打造水路拜此之賜，我們的居住安全也得以受到保護。
隆隆
滾滾流下的河水
滋潤了田地
一點一滴流下的河水
現在田園旁廣闊的風光景色都是從前的人費盡千辛萬苦打造出來的喔。
感慨…

1-1 米

米是日本飲食文化的原點

除了種米，水田還有什麼機能

「田園廣闊的自然風景，感覺恬適自在，真不錯呢」。看到水田時，或許很多人心裡會這麼想吧。然而，事實上，水田乃是人工物——從前只要下大雨，河川就會氾濫成災，我們的祖先阻止了氾濫的河水，控制水流的方向，將河水引入蓄水池或下水道，用田畦防止田水流出。因此，現在我們看到的水田，可以說是前人的「汗水結晶」。日本全國引水入田的水路總長四十萬公里，相當於環繞地球十圈的長度。

險峻陡峭的高山佔據日本大半國土，每當下大雨時，河川水流暴增，下游容易引發洪災。可是，開拓水田之後，匯集在水田裡的水慢慢回到河川，或者積蓄為地下水，藉此達到水量調節，預防洪水的作用（圖1）。這就是為什麼有人說「水田是天然的水庫」。

圖1 水田的構造

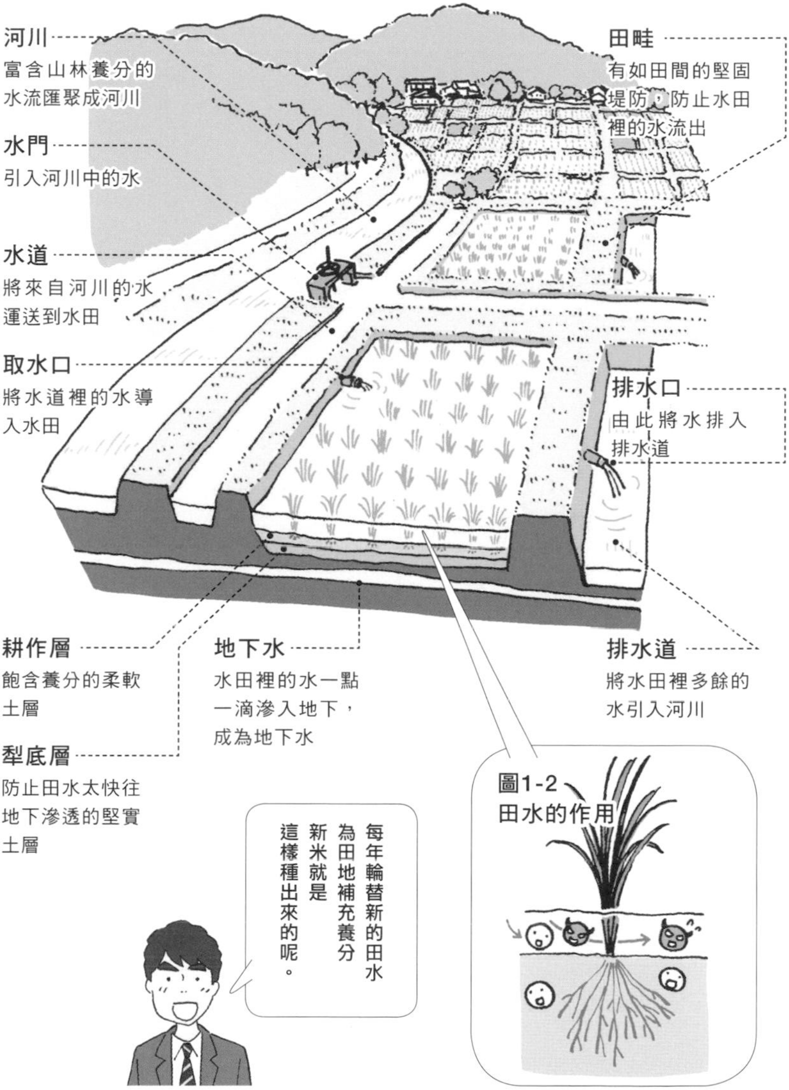

河川
富含山林養分的水流匯聚成河川
水門
引入河川中的水
水道
將來自河川的水運送到水田
取水口
將水道裡的水導入水田
田畦
有如田間的堅固堤防，防止水田裡的水流出
排水口
由此將水排入排水道
耕作層
飽含養分的柔軟土層
犁底層
防止田水太快往地下滲透的堅實土層
地下水
水田裡的水一點一滴滲入地下，成為地下水
排水道
將水田裡多餘的水引入河川
每年輪替新的田水
為田地補充養分
新米就是
這樣種出來的呢。
圖1-2
田水的作用

水運來養分。當病原菌發生時，也能用水排出。

可連作且收成率佳的稻米

我們每年都在同一塊田地裡種植稻米，或許有人會以為這是「天經地義」的事，事實上，與全世界其他地方的農業比較起來，這是相當特殊的一件事，也可以說是得天獨厚之處。一般來說，在一塊田裡栽培作物時，如果每年連續在同一個地方種相同的作物，會發生「連作障礙[*1]」，勢必需要穿插休耕期或以輪作[*2]的方式耕種。然而，日本的水田因為田水輪替，為田地補充了新的養分，引出的水又洗去原本土壤裡的有害物質（圖1－2），因此能夠連作。

相較之下，歐美國家的主食小麥就無法連作。中世紀的歐洲採行三圃制農業，麥子收割後，會在進入休耕期的農地上放牧家畜。現在歐洲也還採用將作物栽培與家畜飼養組合起來的混合農業。也就是說，同一塊土地上，好幾年才能種植一次小麥。

稻米的特徵是收成倍率高[*3]。室町時代日本的稻米收成倍率為二十到三十倍。相較之下，同樣是十五世紀的歐洲，小麥收成倍率只有三到五倍左右。經過不斷的品種改良，現在稻米的收成倍率已經超過一千倍，而小麥只有其十分之一。

＊1　連作障礙：連作指在同一塊地上長期連年種植一種作物。因為連續每年在同一塊土地上栽培同樣的作物，造成生長不良的現象。
＊2　輪作：在同一塊耕地上定期輪流種植不同的作物。
＊3　收成倍率：播種量與收成量的相對比率（種下一顆種子可收成幾顆作物）。

只占國土一成多的狹隘農地面積

各位知道日本的水田面積佔國土的百分之幾嗎？日本的國土約三千七百八十萬公頃。其中森林約佔百分之六十六，能利用為農地的國土面積只有約百分之十二（圖2）。所有農地中，水田約佔百分之五十四。

若與其他國家的農地比例相較，美國的農地約佔國土的百分之四十，法國農地約佔國土的百分之五十，英國農地約佔國土的百分之七十，可見日本的農地面積比例相當小*。

季風亞洲是世界的稻作區

追根究底，日本之所以盛行種植稻米，是因為地處高溫多濕的季風亞洲之故。季

圖2 日本的國土運用

在日本國土中，森林佔比較多，農地只佔了國土面積的大約12%。
農地 約12%
其他 約22%
約3780萬 公頃
森林 約66%
和法國的50%相比，算是很少的呢。

根據農林水產省與林野廳之統計（2017年）製表

＊農林水產省 依世界主要國家地區分類之農業概況

風亞洲指的是從喜馬拉雅山脈以南的巴基斯坦到印度、東南亞、東亞一帶（圖3），受到季風影響，這個地區屬於多雨氣候，適合種植水稻。世界上所有的米，幾乎都由這裡生產。以面積來說，這個只相當於全球百分之十五面積的地帶，卻集中了全世界百分之六十的人口在此生活，追根究底，也是因為稻米的生產性高，足以養活夠多人口的緣故。世界上生產的稻米之中，超過百分之八十為秈稻，日本栽培的則是約佔世界生產稻米總量百分之二十的粳稻。表1可看出不同稻米種類的特徵。

米曾用來代替貨幣

米除了用來當作主食，在經濟上也扮演著重要角色。七世紀中旬到一八七三年施

表1　世界主要栽培的稻米品種

種類	特徵與主要產地	食用方式
秈稻 	長粒種。佔世界稻米產量的80%以上。黏性不大，口感較為鬆乾。產地為印度、東南亞及中國南部等。	水煮食用。適合做成咖哩飯、炒飯、印度香米飯等炊飯類。 
粳稻 	短粒種。佔世界稻米產量的20%左右。口感軟黏。產地為日本、中國、韓國、美國西海岸等。	炊煮或蒸煮成白飯直接食用。 
爪哇稻 	大粒種。生產量極少。口感介於秈稻和粳稻之間。產地為印尼、義大利、西班牙、中南美等。	適合做成燉飯或西班牙鍋飯。 

圖3 季風亞洲～受季風影響的地區

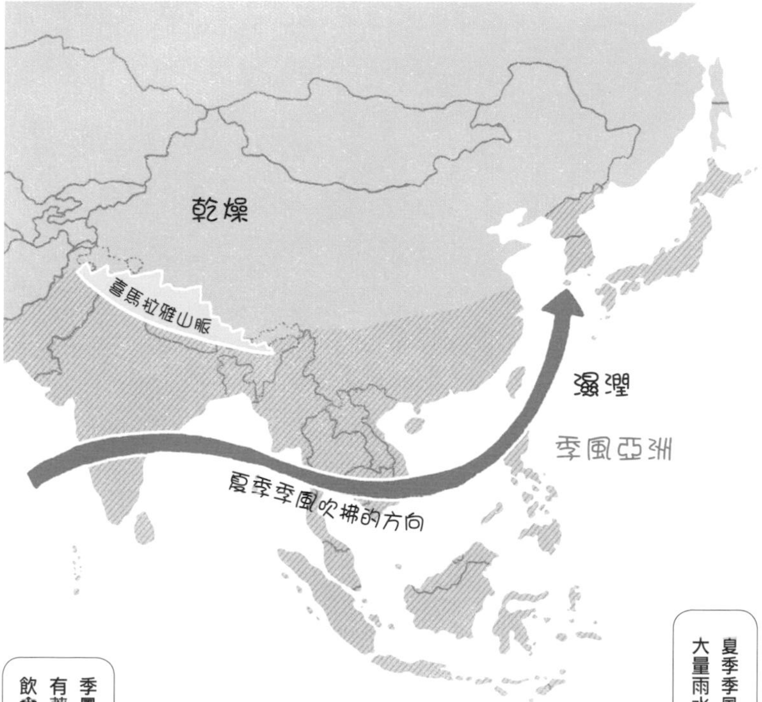
乾燥
喜馬拉雅山脈
濕潤
季風亞洲
夏季季風吹拂的方向

季風亞洲地區有著共通的飲食文化。

整個季風亞洲有共通的飲食文化

- 以米為主食
- 有大豆發酵食品
- 喝茶
- 使用漆器……等

夏季季風會帶來大量雨水呢。

行「地租改正[*1]」前，日本都有用米納稅的習慣。

時代劇中常聽見「百萬石大名」的台詞，指的就是這個大名貴族擁有能夠生產百萬石白米的領地。十六世紀後半，豐臣秀吉實行「太閣檢地[*2]」之後，大名的收入以土地糙米收成量的「石高」為基準，身分地位的高低也取決於「石高」。當時，米可以說是一切單位的基準（圖5）。用來表示田畝面積的量詞「反」，也一直沿用到現代。

江戶時代武士的薪資稱為「扶持」，一天的「扶持」是糙米五合。米含有碳水化合物、蛋白質、脂肪與維他命等營養素，其中也均衡地包括了人體無法自行合成的必須胺基酸。唯一含量較低的，是必須胺基酸中的離胺酸。而黃豆中就含有許多離

圖4 米的營養成份

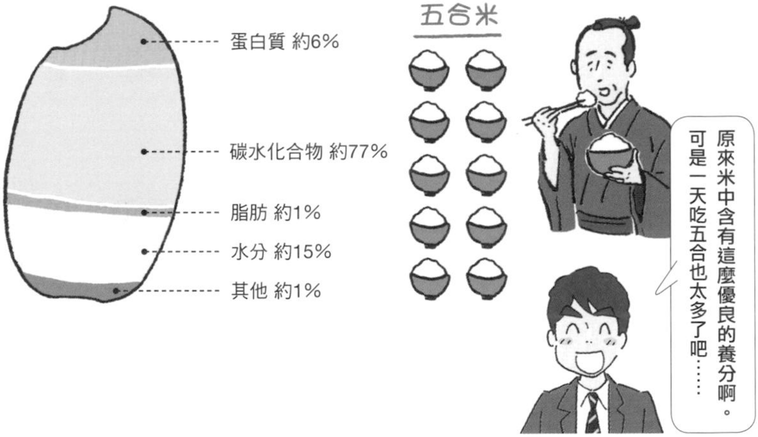
蛋白質 約6%
碳水化合物 約77%
脂肪 約1%
水分 約15%
其他 約1%
五合米
原來米中含有這麼優良的養分啊。
可是一天吃五合也太多了吧……

＊1 地租改正：明治政府於一八七三年實施的土地與稅制改革。把江戶時代用米納稅的制度，改為承認土地私有，擁有土地者需繳納相當於地價百分之三稅金的稅制。

＊2 太閣檢地：1582年之後豐臣秀吉於全國實施的關於田地面積與收成量的調查。

圖5 以米為基準的各種單位

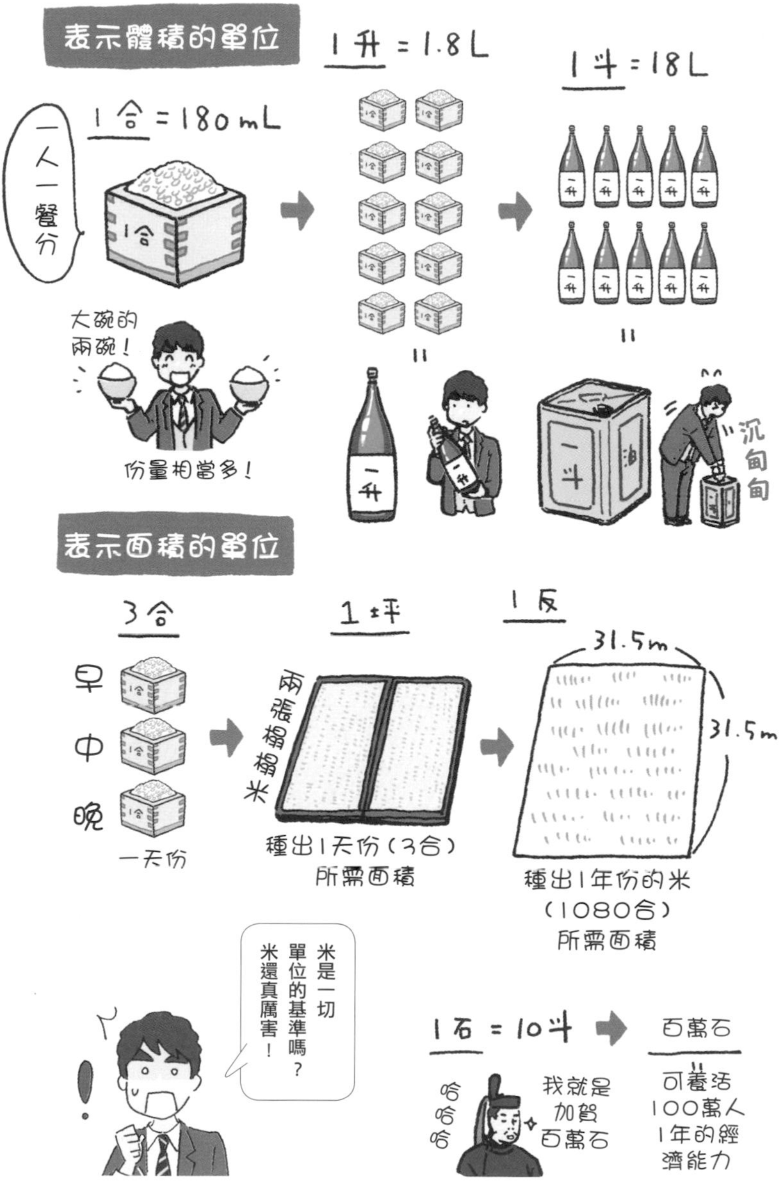

胺酸，因此，當時一天只要吃五合米飯和用黃豆做成的味噌湯，就能補充身體所需的卡路里與蛋白質。

達到足夠米食不久就開始脫離米食

對明治時代以前的日本人來說，米既是錢，也是各種單位的基準，可以說是超越食物的神聖存在。江戶時代，雖然住在都市的人吃的是白米飯，鄉下的農民只有喜慶節日才吃白米飯，其他時候都會在米裡摻入大量雜穀煮來吃。過去，白米飯稱得上是豐饒生活的象徵。

日本人從兩千年前開始種稻，將白米視為主食。然而事實上，一直要到戰後高度經濟成長期的一九五五年左右，才終於達到全體國民都能吃到足夠米食的收成量。回顧稻米栽培的漫長歷史，與其說日本人是稻作民族，不如說是「深切期盼米食充足的民族*」。

一九六七年，一整年的稻米收成量寫下史上最多的一千四百五十萬噸紀錄。諷刺的是，這時日本人也已經因為飲食的歐化而開始脫離米食。每一人平均一年的稻米消耗量，以一九六二年的一百一十八公斤為高峰，從此年年遞減，到二〇一六年只剩下不到這個數字的一半。

＊引用自《日本的米從哪裡來》渡部忠世著（PHP研究所）

從量到質改良品種

明治時代之後，稻米的品種改良一直以增加收穫量為最大目的。現在稻米的消耗量下滑，品種改良也從增量轉為重視口味了。一九六九年，「自主流通米」制度通過後，消費者可吃到特定產地或特定品種的米，現在所謂的「品牌米」開始出現於市面。近年來，受到氣候變動影響，各行政區皆以酷暑也能種出好口味的品種為目標，致力於開發改良新品種。

這十多年來，品牌米紛紛上市的原因之一，在於二〇〇四年十二月完成的稻米基因解析。以前開發一個品種要花上超過十年，現在透過基因解析，可以預測基因的活動，花在品種改良的時間大幅縮短。低黏性的「減醣米」、對健康有好處的各種

圖6 越光米的同類

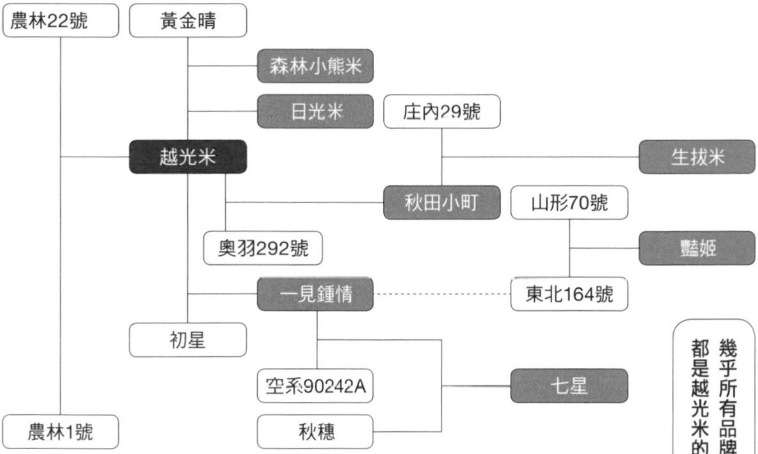

本表經過簡化

機能米，以及適合用作家畜飼料的米等，各種米的開發研究不斷進步。

白飯決定了吃法與喜好

我們吃飯時，用筷子把米飯夾入口中。粳稻具有黏度，所以才能這樣吃。以粳稻為主食的地方（包括中國部分地區和朝鮮半島、日本），也是以筷子進食的地方。兩者範圍一致（請參照四十八頁）。

一直以來都吃具有黏度的白米飯，使日本人產生喜歡軟糯食物的傾向。柔軟的「吐司麵包」誕生於日本。一九九〇年代，以「像剛炊煮好的白米飯一樣的麵包」概念發售的口感Q彈吐司，成為市場上的長銷商品。儘管日本人愈來愈少吃米食，過去長年食用白米飯的習慣培養出日本人對食物的喜好，不是輕易就能改變。

最愛「軟糯口感」！
吐司麵包
口感柔軟
起司球
軟糯口感
タピオカ
珍珠奶茶

廣角觀點 1

從白飯中誕生的「口中調味」吃法

何謂口中調味？

在嘴裡混合複數食物，創造出自己喜歡的滋味，這種吃法就叫做口中調味。日本人會先把白飯含在嘴裡，再用筷子夾菜入口，以口中調味的方式同時品嚐飯菜的味道。

口中調味的吃法培育出日本人纖細的味覺。
雖然日本人下意識就會這麼做，這種吃法對我來說很難。

石鍋拌飯

韓國人吃石鍋拌飯時，會把所有配菜和飯混合攪拌均勻。

海鮮丼

日本人會一一夾起海鮮丼的配料在嘴裡進行「口中調味」。

日本人不太喜歡把菜放在白飯上，認為這樣會弄髒白飯。

1-2
水
口渴了…可以喝水嗎？
嘩啦
艾瑪，日本的水味道不一樣嗎？
不一樣喔～
法國的水是硬水，日本的大多是軟水呢。
真要說起來，法國的水龍頭流出的水不能生飲。
Ca
Mg
含有豐富的鈣和鎂元素
硬水
喝起來口感比較紮實
硬度120mg（每1L）
軟水
喝起來口感輕盈
鈣和鎂元素含量較少
Ca
Mg
這是因為日本地形陡急又有許多的火山地層。
日本
地下水停留地層的時間短
火成岩質
鈣和鎂元素含量較少
歐洲、北美
水緩緩流經地層之間吸收了礦物質
含有豐富的鈣和鎂元素
石灰岩質
像這樣水質的不同是否也會影響到料理？
戰戰兢兢
學、你的著眼點很棒喔。

日本料理的基礎就是「高湯」。正因水質屬於軟水所以才能做得出來。
被稱讚了……
硬水會讓湯頭混濁，因為礦物質的作用造成雜質高湯就不美味了。
硬水的情況
硬水裡含有大量礦物質
昆布
Ca
Mg
胺基酸
啪
雜質
嘿嘿嘿
嘔
相反地，燉煮肉類料理時，硬水最合適。
只要撈掉肉類加熱後浮出的雜質就能得到一鍋好湯
燉牛肉 牛肉湯 牛骨湯 等等
Ca
啪
蛋白質
雜質
炊飯的時候也是，只要使用水就能煮出顆粒飽滿口感軟糯的白飯。
如果使用硬水，就適合拿來煮西班牙鍋飯這種鬆乾的口感。
鬆乾
顆粒飽滿
料理也是配合地方特性誕生的呢。
……！
難怪我在法國老家總是無法煮出美味的米飯？
日本的米飯吃起來都像這樣嗎？
母親
不是… 呃… 咦…？
嚇
好像有可以把硬水轉化為軟水的淨水器。
要不要用用看？
咦？真的嗎？
轉頭
太近了 艾瑪

1-2 水

豐沛的清水孕育了生食與高湯文化

生食與「蕎麥涼麵」都是因為有豐富的乾淨水源

日本每年平均降雨量一千七百一十八毫米，是世界平均降雨量的大約兩倍。森林地帶占日本國土的百分之七十，拜此之賜，也創造出大量優質乾淨的水源。豐富清潔的水，孕育出日本的飲食文化。除了高湯之外，讓我們一起看看豐沛乾淨的水資源還帶來哪些日本獨有的吃法。

日本料理的特色之一，是有許多「生食」。自古以來，日本人就會以生食方式吃鳥肉、魚肉、海鮮和蔬菜。因為擁有清潔又安全的水，大部分食物只要用水清洗乾淨就能生吃。

彌生時代來到倭國（日本）的中國歷史家陳壽，在其著作《魏志倭人傳*1》中提到「倭地溫暖，冬夏皆食生菜」。中國雖然也吃生肉或生魚做成的「膾*2」，卻沒有生

＊1 《魏志倭人傳》：三世紀歷史書《三國志》中的一部分。是得知當時日本狀況的寶貴史料。

＊2 膾：切成細條的生肉或生魚。中國從紀元前七百年前就有食用這種食物的紀錄，日本也在《古事記》中可看到相關記述。

食蔬菜的習慣，看到吃生菜的日本人自然很驚訝吧。

中國的大河流速緩慢，容易造成泥沙堆積，水質污濁，不像日本人擁有乾淨的水源。因此，中國料理從古至今都以加熱烹調為原則。日本料理雖然受到中國料理很大影響，相較於中國料理多用高溫的「油」烹煮，日本料理則多用「水」調理食物。

例如以水清洗汆燙過的蔬菜做成的「御浸」，或如「蕎麥涼麵」以水清洗煮熟的麵條，這類烹調方式，在世界上其他國家幾乎沒有見過。正因為輕易就能獲得乾淨清潔的水，日本人才能享受奢侈用水做菜，「洗完就把水捨棄」的料理。

高湯的起源

第一次出現與高湯有關內容的日本文

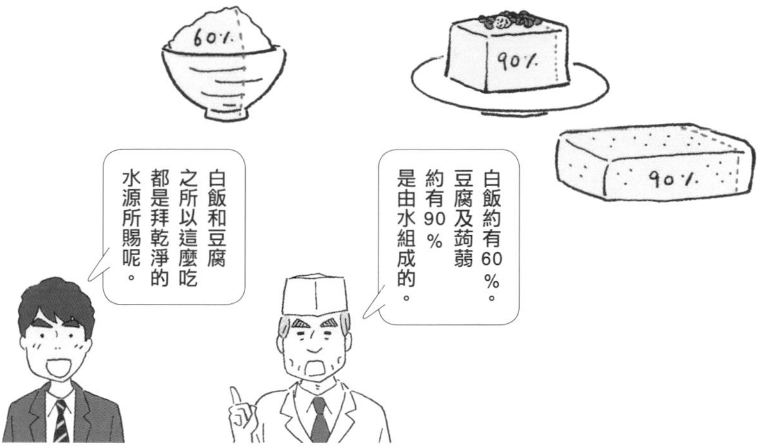
60%
90%
90%
白飯約有60%。豆腐及蒟蒻約有90%是由水組成的。
白飯和豆腐之所以這麼吃都是拜乾淨的水源所賜呢。

獻，是鎌倉時代禪僧道元所著的《典座教訓》（請參照一一七頁）。本書闡揚佛道對食物的重視，提及道元到中國修行時遇見一位老僧使用乾香菇熬高湯的事。道元將精進料理引入日本，日本人開始使用精進料理的高湯調理食物。

至於現在人們概念中的高湯，最早出現在室町時代《大草殿相傳聞書*》中的記載。其中提到使用柴魚乾熬煮高湯時，使用「高湯袋」的做法。

以下就讓我們來看看日本熬高湯時不可或缺的食材——昆布與柴魚乾的歷史。

決定關西和關東高湯差異的「昆布之路」

最早看到昆布出現的文獻，是平安時代初期編纂的《續日本書記》，從西元

用來熬高湯的代表性昆布。從左到右分別是利尻昆布、真昆布和羅臼昆布。真昆布又稱為山出昆布。

真昆布具有高雅的甜味，想熬出清澈的湯頭，除了口感清爽的利尻昆布外，羅臼昆布也能熬出色澤偏黃口味醇厚的美味高湯。

＊《大草殿相傳聞書》：傳承日本料理流派「大草流」的料理書。推測寫於室町時代後期（1535～1556年）。

圖1　昆布之路與北前船

北前船

江戶中期～明治30年代，往返於蝦夷地與瀨戶內及大阪之間的貿易船。從大阪出發的船運載關西與瀨戶內的砂糖、鹽、酒、北陸的藥及東北的米往蝦夷地，回程則從蝦夷地運回鯡魚、昆布等物資。

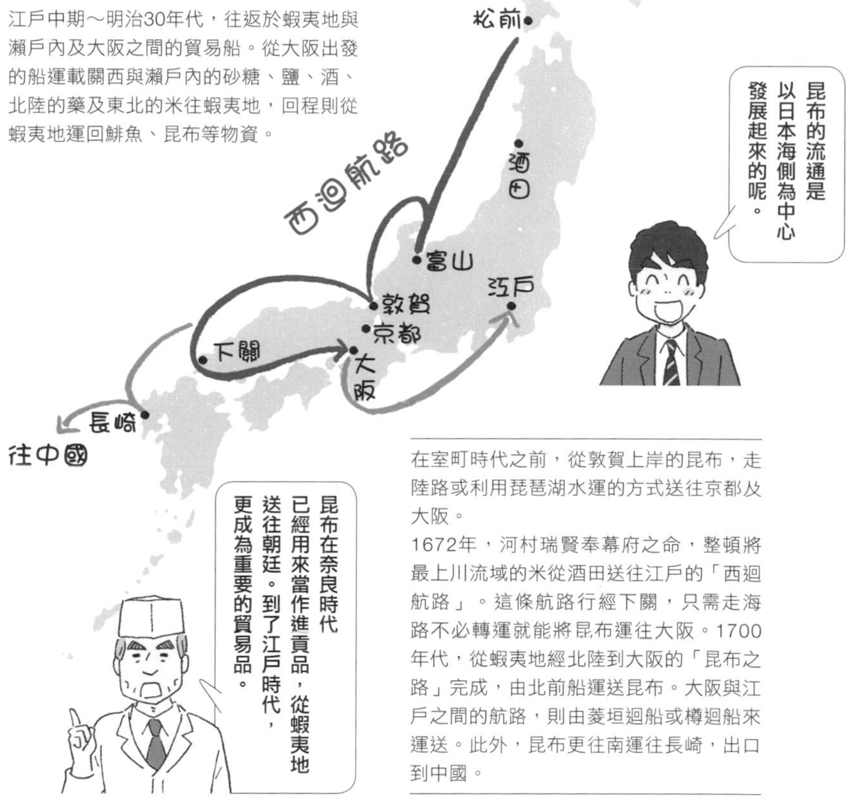
松前
酒田
西迴航路
富山
江戶
敦賀
京都
下關
大阪
長崎
往中國
昆布的流通是以日本海側為中心發展起來的呢。
昆布在奈良時代已經用來當作進貢品，從蝦夷地送往朝廷。到了江戶時代，更成為重要的貿易品。

在室町時代之前，從敦賀上岸的昆布，走陸路或利用琵琶湖水運的方式送往京都及大阪。

1672年，河村瑞賢奉幕府之命，整頓將最上川流域的米從酒田送往江戶的「西迴航路」。這條航路行經下關，只需走海路不必轉運就能將昆布運往大阪。1700年代，從蝦夷地經北陸到大阪的「昆布之路」完成，由北前船運送昆布。大阪與江戶之間的航路，則由菱垣迴船或樽迴船來運送。此外，昆布更往南運往長崎，出口到中國。

『日本山海名產圖會』（國立國會圖書館數位典藏）

1799（寬政11年）刊行，以圖解方式介紹日本各地漁法及名產製造法的書籍。
插圖描繪在北海道松前撈起的昆布，於海邊或掛在屋頂上曬乾的狀況。

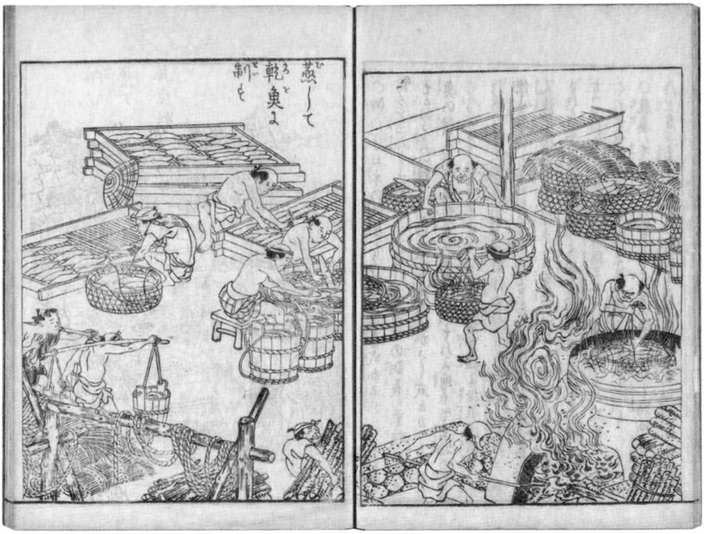

『日本山海名產圖會』（國立國會圖書館數位典藏）

製造柴魚乾的情形。將切好的鰹魚放進籃子裡，放入大鍋熬煮（圖右）。
放入水中冷卻，取下細骨魚刺（圖中），放入蒸籠排列（圖左）。

七一五年的紀錄，可看到蝦夷族長將昆布進獻朝廷之事。

室町時代之前，在蝦夷地捕獲的昆布，通過日本海沿岸，從敦賀上陸。接著，再走陸路或利用琵琶湖的水運，運往大阪及京都。到了江戶時代，航經下關與瀨戶內海到大阪的「西迴航路」開通（圖1），西迴航路成為昆布運送最主要的通路。這條運送昆布的航路稱為「昆布之路」，成為「關西以昆布高湯為主，關東以柴魚乾高湯為主」的分歧關鍵之一。這是因為，當昆布從蝦夷地運往大阪時，其中的高級品往往先在此經過一番銷售，剩餘的才再運往江戶。因此，昆布的發展在關東就沒有關西這麼興盛。

關西多半使用昆布熬煮高湯，關東使用柴魚乾熬煮高湯的另外一個原因，在於關西關東的水質不同。關西的水是軟水，適合用來製作昆布高湯，相較之下，關東的水因為受到關東土壤層的影響，土壤硬度較高，以水質來說，不容易像關西那樣溶出美味的高湯。因此，關東的高湯就變成以口味較濃的柴魚乾為主流。

柴魚乾的歷史

西元七五七年施行法令「養老令」的註釋書《令集解》中，記載著柴魚乾是「調（上納各地物產，當作納稅）」的種類之一，其前身為「堅魚」和「煮堅魚」。「堅魚」就是現在說的鰹魚，「煮堅魚」則是將鰹魚煮過曬乾做成的柴魚乾。書中也記載了熬煮鰹魚時的湯汁精華，稱為「堅魚煮汁」。

一四八九年出版的料理書《四条流包丁書》中可見「花鰹」一詞，可知室町時代後期，人們已經會將堅硬的棍狀柴魚乾削成薄薄的柴魚片使用。

江戶中期，柴魚乾的製法出現一大技術革新。在那之前，製作柴魚乾的方式是將煮過的鰹魚放在太陽下曬乾或用火烤烘乾，江戶中期，紀州印南浦（和歌山縣印南町）的漁夫角屋甚太郎開發出以燻製方式去除鰹魚水分的「燻乾法（別名焙乾法）」，製作出接近現在「荒節*」的「熊野節」柴魚乾，大受好評。甚太郎的這套方法傳到土佐，土佐藩的柴魚乾品質有了顯著提昇。

約一七〇〇年時，甚太郎的二代傳人開發了「黴付」的方法。原本的土佐柴魚乾容易發黴，「黴付」是故意讓良性黴菌附

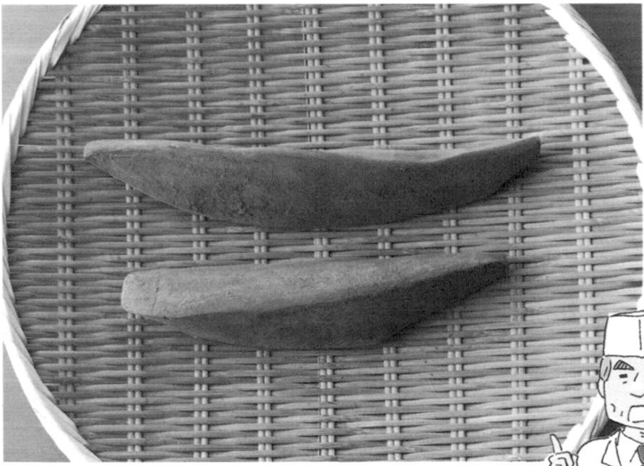

經過發黴的「本枯節」。上面的是以鰹魚背側肉製作的「雄節」，下面則是用腹側肉做的「雌節」。

「雄節」油脂少，滋味高雅。使用腹側肉的「雌節」和背側肉相比脂肪較多，味道也較醇厚。

＊荒節：只有經過燻乾，但沒有經過發黴程序的柴魚。

著在柴魚乾表面，以好黴制壞黴，防止柴魚乾惡性發黴。用這種方法做出的柴魚乾稱為「改良土佐節」，成為柴魚乾集散地大阪的主力商品。

當時，從大阪運往江戶的荒節常發生長黴的狀況。然而，在發現發黴與去除黴菌的過程中，察覺柴魚乾的風味似乎變得更好，於是在反覆嘗試中改良了「黴付」的做法。

明治初年，經過三次發黴的「伊豆節」誕生，到了明治四〇年代，更誕生了四到六次發黴的「本枯節」。

順帶一提，一六六八年的《料理鹽梅集》中，記載了將昆布與柴魚乾混合做成的高湯，可見當時已經有這樣的做法。

圖2 製造柴魚乾的過程

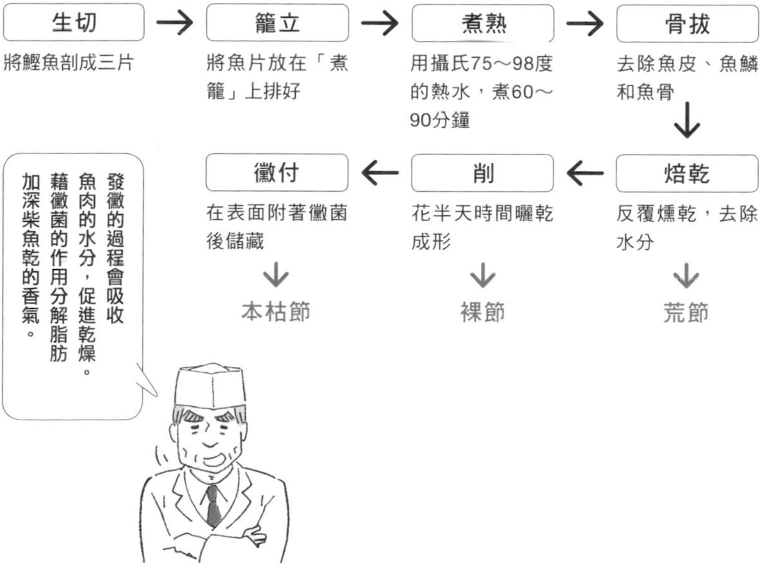

生切
將鰹魚剖成三片
籠立
將魚片放在「煮籠」上排好
煮熟
用攝氏75～98度的熱水，煮60～90分鐘
骨拔
去除魚皮、魚鱗和魚骨
焙乾
反覆燻乾，去除水分
荒節
削
花半天時間曬乾成形
裸節
黴付
在表面附著黴菌後儲藏
本枯節
發黴的過程會吸收魚肉的水分，促進乾燥。藉黴菌的作用分解脂肪加深柴魚乾的香氣。

和海外高湯做比較

表1介紹的是相當於法國料理高湯的湯底（Fond）和肉湯（Bouillon），以及中國料理中具有代表性的高湯。法國料理與中國料理的高湯，都是花上好幾小時熬煮食材而成，將食材的成分發揮到極限。

另一方面，日本的高湯則是使用昆布和柴魚乾等乾貨，在短時間內煮出高湯所需的成份。之所以能在短時間內取出所需成份，是因為事前乾貨早已經過長時間的熟成，本身就擁有生鮮食材沒有的複雜成份。此外，不含油脂也是日本高湯的特徵。

將高湯的滋味轉移或浸透到其他食材，烘托出蔬菜等食材原有的美味，這也是日本高湯特有的烹調方式。

表1　法國料理與中國料理中具有代表性的高湯

法國料理		
〈湯底Fond〉 燉煮高湯	白色系的Fond	Fond de volaille（燉雞高湯） Fume de poisson（燉魚高湯）
	褐色系的Fond	Fond de veau（將小牛肉、牛骨和香料蔬菜煎出焦色後加以熬煮的高湯） Fond de gibier（用烤過的鹿肉或兔肉等野味熬煮出的高湯）
〈肉湯Bouillon〉 法式清湯或法式濃湯的基底高湯。 使用牛、雞與蔬菜熬煮而成。		

中國料理	
〈葷湯〉 動物性高湯	雞湯（以雞肉和雞架子熬成的高湯） 毛湯（在雞湯中加入豬肉及豬骨熬製的高湯） 清湯（在雞湯中加入羹狀肉熬煮，湯質清澈） 白湯（用毛湯的材料和豬肥肉、豬腳、雞腳等熬煮成的白濁湯頭）
〈素湯〉 植物性高湯	香菇湯（以香菇乾熬煮的高湯） 豆芽湯（以豆芽煮成的湯底）……等等

廣角觀點 2

從時間軸上比較日本及法國的高湯差異

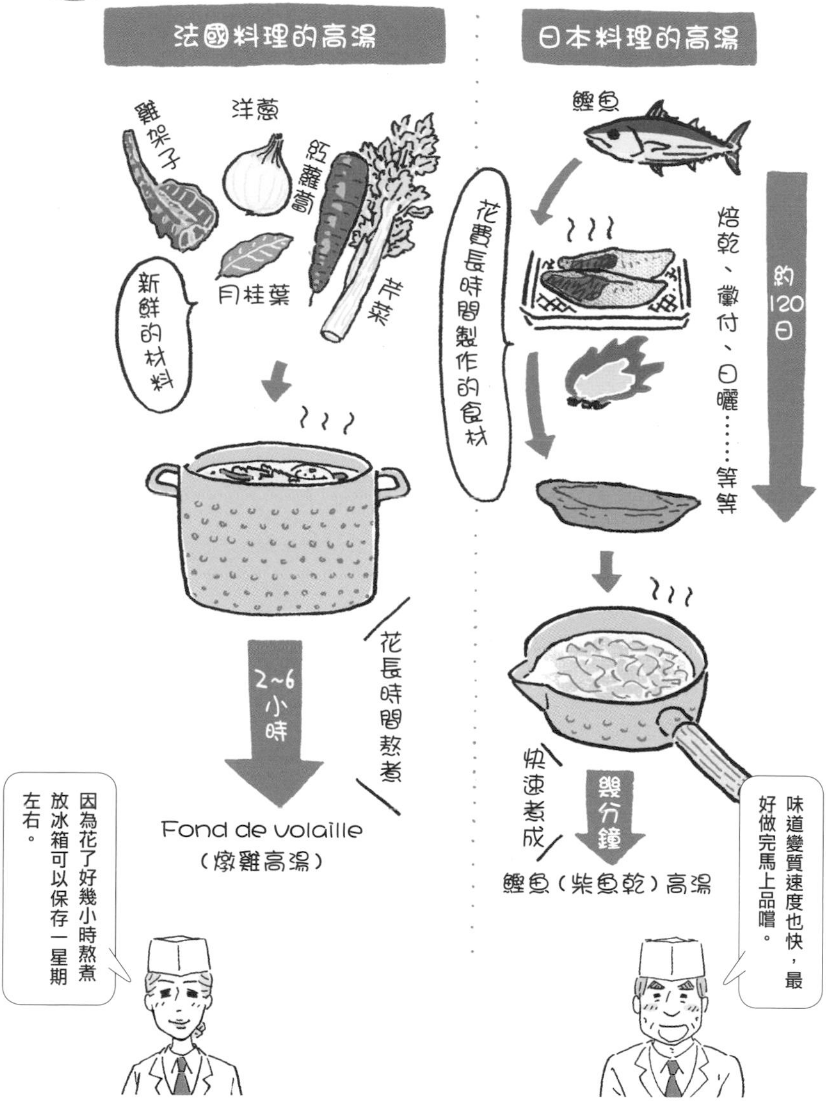
法國料理的高湯
雞架子
洋蔥
紅蘿蔔
月桂葉
芹菜
新鮮的材料
2~6小時
花長時間熬煮
Fond de volaille
（燉雞高湯）
因為花了好幾小時熬煮放冰箱可以保存一星期左右。
日本料理的高湯
鰹魚
花費長時間製作的食材
焙乾、黴付、日曬……等等
約120日
快速煮成
幾分鐘
鰹魚（柴魚乾）高湯
味道變質速度也快，最好做完馬上品嚐。

1-3
木
爺爺的碗不管什麼時候看都很漂亮呢。
臉靠太近了吧？
師傅，我從以前就一直想不通。
為什麼只有裝湯的碗要用漆器呢？
艾瑪妳的著眼點很不錯喔。
學，你喝湯時都怎麼喝？
像這樣。
嗯。就像這樣，可以把裝了熱湯的碗端到嘴邊，也可以以口就碗。
因為漆器是木製品，不容易導熱。
這麼說來，吃法國料理時用手端起湯盤不符合餐桌禮儀。
熱傳導率高
金屬
陶器
金屬製的湯匙容易變得燙手，要喝燙口的熱湯很困難。

木頭也有保溫性，用來裝熱湯不容易變涼。
熱呼呼
那麼，沒有上漆的木頭容器不行嗎？
只有木頭的話，容易滲水滲油，碗很快就損壞。外表塗上幾層漆，木碗就能長久使用。
放大
塗層
打底
木質
打底
塗層
最強組合！
有耐水、抗菌效果
不容易傳熱
漆器還有其他許多優點
•美麗的光澤
•摸起來質地溫潤
•很輕！
…等等
再次拿起來摸摸看，覺得漆器的觸感有著陶瓷器沒有的優點呢。
滑順
所以才誕生出用手將碗拿到嘴邊以口就碗的日本飲食文化吧……可以這麼說。
嘴對嘴
心跳加速
學決定回家路上去買護唇膏。
確實，如果碗的質地粗糙，就不會想用嘴巴對著碗吃了。
呵呵…

1-3 木

木頭造就了「以口就食」的餐具

最早發現「漆」的人是誰？

日本的餐具等容器，沒有從土器一路發展為陶瓷器，原因可能在於國土的大半屬於森林，輕易就能獲得木器與漆器的緣故。這也造就出日本獨特的「以口就食」飲食文化，也就是把碗端到嘴邊，直接就著碗吃喝食物的習慣。

「漆」使木製容器化身為觸感溫順，方便好用的漆器，以下就將介紹「漆」這種天然的塗料。漆是用漆樹的樹液煉製而成的天然塗料。驚人的是，即使現代科學技術如此發達，依然無法製造出比漆更優良的合成塗料。四十七頁會從漆的採收介紹到漆器如何完成，首先請從漆器的歷史開始看吧。

最早發現漆的人是誰呢？據說是蜜蜂。棲息於漆樹附近的長腳蜂，會用漆樹的樹液固定蜂窩底部。我們的祖先可能是看到了這個，才開始想到可以把漆拿來當黏著劑使用。

根據科學判斷，從北海道函館市塩尻町的垣之島B遺跡出土的陪葬品，大概是距今九千年前的東西。由此可知，日本人從繩文時代初期就開始使用漆了。

直到江戶末期，飯碗仍使用漆器

飛鳥．奈良時代，佛教傳到日本，佛像與佛具的製作促進了漆器工藝的進步。關於奈良時代的餐具，雖然在正倉院中找到了幾樣黑漆碗盤，但這時漆器的使用，應該尚未普及於一般民眾之間。

平安時代，漆器原是貴族專用的高級品。不過，到了平安時代後期，漆器就開始廣受民間使用了。平安時代後期的繪卷作品《病草紙》中，可看到描繪用餐情景的畫（請參照第四十二頁）。畫面中，折敷*上

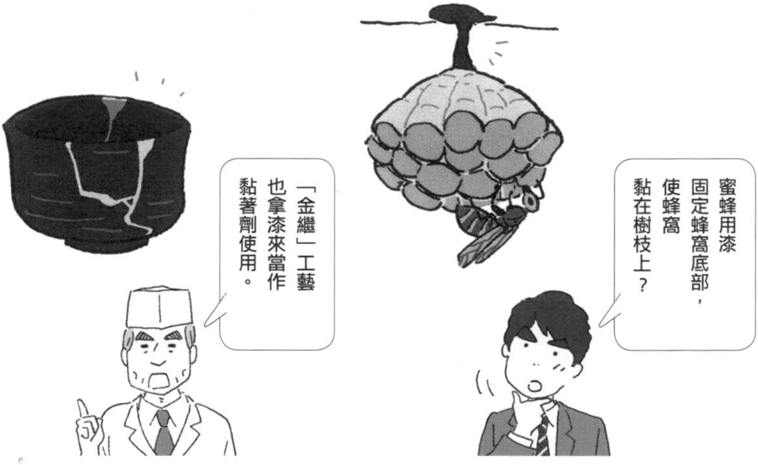
蜜蜂用漆
固定蜂窩底部，
使蜂窩
黏在樹枝上？
「金繼」工藝
也拿漆來當作
黏著劑使用。

＊折敷：用薄木板包邊的方形托盤。

《病草紙》「患有牙周病的男人」
（收藏於京都國立博物館）

描繪於平安時代末期（12世紀）的繪卷作品，收錄了描繪當時各式各樣疾病的畫作。請看畫面左下方，折敷上放有黑漆飯碗與湯碗，還有幾個小盤子。黑漆飯碗和湯碗上繪有朱色的圖案。

12世紀的庶民吃飯時也使用漆器呢。
當時漆器稱為「塗物」。
室町時代的繪卷上餐具都是漆器，幾乎沒有看到陶瓷燒製的餐具。

放著黑漆飯碗與湯碗，還有幾個小盤子。近年挖掘出的鎌倉時代遺跡中，也大量出土了推測應為下級武士使用的塗漆飯碗和小盤子。

江戶時代，各藩保護並獎勵漆器生產，漆器產業就此確立。除了塗漆的武器之外，連傳統工藝品也加入塗漆的行列，人們在日常生活中盛行使用漆器。各藩也紛紛獎勵種植漆樹，從漆液的採收到以木頭製作器具、塗漆、裝飾等，建立起一條龍式的漆工藝品生產體制。現存的漆器產地，多半誕生於江戶時代。

從平安時代後期到江戶時代後期，日本的餐具食器一直以漆器為中心。至少飯碗和湯碗始終是漆器的天下。江戶中期，瓷器逐漸普及，多半作為盤子和小缽使用。進入明治時代，瓷器大量生產後，瓷器飯碗也開始出現。不過，湯碗依然持續使用漆器。這是因為，若要將熱湯端到嘴邊喝，漆器還是最適合的容器。

有「japan」之稱的漆器

過去漆器曾被稱為「**japan**」，博得許多歐洲人的喜愛。於十六世紀後半至十七世紀來到日本的耶穌會傳教士及西班牙、葡萄牙商人們，被美麗的蒔繪*打動，包括各式各樣教堂用品及運至歐洲銷售的西洋斗櫃、置物盒等，訂製了許多以蒔繪裝飾的東西。這些外銷工藝品又被稱為「南蠻漆器」。

*蒔繪：漆器上的裝飾之一。在器具表面先塗上一層漆後，再以沾漆的毛筆於第一層漆上繪製圖案。趁圖案的漆未乾時，灑上金粉、銀粉或其他顏色的粉末。用筆刷掉多餘的粉末，這時只有沾在漆上的粉末留下，形成各種圖案或紋路。

現在國產漆只剩下百分之三

進入明治時代，漆器產業的環境出現變化。失去了藩的後盾，漆樹林紛紛改成桑田或茶園，漆的產量銳減。江戶時代自給自足經濟體制下，確立的漆器產業無法繼續維持。

一九〇七年比利時裔美國人貝克蘭發明了世界上最早的人造樹脂，並用自己的名字命名為「Bakelite[*1]」，成功地以工業化方式生產人造樹脂。日本也從一九一一年開始生產這種人造樹脂，做出代替漆器的塑膠容器。

第二次世界大戰後，化學工業得到發展，使用合成樹脂[*2]製作碗身及表面塗料，大量生產合成漆器。一九四九年的工業標準化法（現在的產業標準化法，一般

在中世紀的歐洲
不只嚮往
黑色塗料，
更崇拜漆黑的顏色。
據說連
法國皇后
瑪莉安東尼
都有收藏許多
漆工藝品。

漆在英語裡怎麼說？

歐美國家將漆器稱為「japan」是從前的事，現在即使說「japan」，也無法被理解為漆器。如果要用英語表達，漆的英語是「Japanese lacquer」或「Japanese urushi lacquer」。漆器則是「lacquerware」。

＊1 Bakelite：酚醛樹脂的註冊商標名稱。加熱後就會變硬且無法復原的熱固性聚合物。現在市面上流通的塑膠製品，多為加熱後變軟的熱塑性聚合物。

＊2 合成樹脂：相對於松脂或漆等天然樹脂，合成樹脂指的是以石油為原料的人工量產樹脂。又稱塑膠。

稱為JIS法）規定，使用合成樹脂製作碗身及表面塗料的製品也可稱為漆器。

結果，合成漆器與傳統漆器同時存在，使得消費者不容易分辨兩者差異。

一九七〇年，從尿素甲醛樹脂[*1]製造的漆器中檢驗出福馬林，這個問題促成了一九七二年家庭用品品質表示法的改訂，法令明訂漆器碗體和表面塗料必須標示成份種類。根據現在的家庭用品品質表示法，只有表面塗裝天然漆的器具才能標示為「漆器」。

現在，日本國內使用的漆，國產漆只佔百分之三[*2]，其他大多數的漆原料都來自中國。二〇一五年，文化廳規定國寶及重要文化遺產的修復，原則上只能使用國產漆。漆原料面臨非得增產不可的狀況，岩手縣等地方開始投入漆器產業的復興。

漆與化學

〈漆是有生命的〉

漆的主要成分是名為漆酚的樹脂、水分、橡膠質與酵素（laccase）。若使用合成樹脂，塗上的那一刻光澤最佳，之後會逐漸褪色。相較之下，使用真漆塗料則是愈使用色澤愈美。這是因為漆器完成後，塗膜中的酵素仍持續活動，「漆的硬化作用」也仍不斷進行。

〈友善地球的漆〉

合成樹脂塗料在乾燥的過程中需要大量熱能，消耗石油資源。另一方面，真正的漆器則不會造成環境負擔。

〈彩色漆的登場〉

二十世紀發現新的金屬鈦合金，以二氧化鈦粉末著色的合成顏料就此誕生，也能夠自由使用過去難以實現的白色、藍色及粉紅色等彩色漆了。

〈也能塗在玻璃上的漆〉

雖然漆可以塗在竹子、紙、布料、陶瓷器與金屬等各種材質表面，要將漆塗在玻璃表面曾經是一件難事。不過，近年製造出超細分子化的「奈米漆」，實現了可塗在玻璃上的漆。

＊1 尿素甲醛樹脂：以尿素與福馬林反應生成的熱固性聚合物。

＊2 平成28（2016）年度統計資料。引用自平成29年度林野廳公報。

從採收生漆到生產漆器

漆來自漆樹的樹液。以下介紹採收生漆與製造漆器的主要工序。

第四十七頁所說的「乾燥」，是為了方便說明，實際上不是「乾燥」而是「變硬」。說得更詳細一點，漆中包含的酵素（laccase）從空氣裡的水分中吸收氧氣，引起化學反應，造成漆的樹脂成份（漆酚）變硬。因此，為了讓漆凝固變硬，需要溫度介於攝氏二十到三十度間，濕度介於百分之七十到八十五的高濕度環境。

聽起來很不可思議吧？凝固後的漆非常強韌，對酸鹼等化學物質有很大的耐受性，更兼具防水、防腐的優越作用。

一棵漆樹
可以採收的漆量
只有200毫升！

在漆樹上割出傷口，採收滲出的樹液，這個工序稱為「割漆」。六月到十月進行割漆，將樹液採收完畢後，就可砍下漆樹。

漆樹（照片裡的是已採收漆液後的漆樹）。樹苗種下五年後即可採收漆液。

精製漆液的情形。

製造漆器的主要工序（以本堅地*為例）

製作木胎

木胎上漆

〈木胎上漆、打磨〉
用生漆塗在木胎全體（木胎上漆）。放入「漆風呂」（維持溫度攝氏20～30度，濕度70～85%的裝置）使漆乾燥後，用砂紙打磨表面整體（木胎打磨）。

〈貼布、磨布、乾研磨〉
在碗緣或碗底貼上沾滿生漆的布，加以補強（貼布）。用地粉（硅藻土燒製而成的粉）和生漆混合後塗上，磨去布與木胎之間的落差（磨布）。
放入「漆風呂」乾燥後，以砥石研磨。

貼布

貼布

〈打底、乾研磨〉
用地粉與生漆混合後塗上（打底），放入「漆風呂」乾燥後，以砥石研磨。以上反覆三次。每前進一個階段，就使用顆粒更細的地粉。

乾研磨

〈塗上錆漆、水研磨〉
塗上用砥粉（用黏土燒製而成的粉）和生漆混合的「錆漆」。放入「漆風呂」乾燥後，用沾水的砥石研磨至表面平整（此為水研磨）。

塗漆

漆風呂

〈下塗〉
塗上精製的黑漆，放入「漆風呂」乾燥後，使用研炭沾水研磨至表面平整。

〈中塗〉
在「下塗」上再次塗上精製黑漆，放入「漆風呂」乾燥後，使用研炭沾水研磨至表面平整。

〈上塗〉
用和紙過濾最後一層表漆（透明漆、黑漆、朱漆等）後塗上，放入「漆風呂」乾燥。沒有圖案的素面漆器到這個步驟就完成了。

上塗

加飾

於表面加上蒔繪或沉金等裝飾。

＊本堅地：是漆器胎體的一種。

沒想到漆器的
製作步驟這麼繁瑣！
難怪漆器價格
如此昂貴。

只有日本是「只用筷子吃飯的國家」

除了湯碗，日本人每天會用到的漆器就是筷子。來比較看看中國、韓國和日本使用筷子與餐具的方式有什麼不同吧。

中國人吃飯時，眾人圍著餐桌，坐在椅子上，用筷子從桌上的盤子裡夾取食物分食。韓國人和日本人一樣，有很長一段時間都坐在地上吃放在高腳托盤上的食物。兩國的餐桌禮儀卻有很大的不同。韓國飲食文化中，端起餐具或以口就碗都不符合禮儀規範。

在幾個使用筷子的國家裡，「只用筷子吃飯」的只有日本。也只有在日本和朝鮮半島才能看到各自的專用飯碗、湯碗和筷子（也就是「個人餐具」）的文化。

筷子用法的比較

韓國

筷子多為金屬製，長度約20公分的細長筷子。筷子充其量只是用來夾菜，主要還是使用湯匙將食物送入口中。筷子和湯匙必定成套放在餐桌上。常用的湯匙放在靠近自己這一邊。

中國

筷子有象牙、木製或竹製品，整體呈柱狀（筷尖不會變細）。長度約27公分，偏長，方便從大盤子裡夾菜。餐具擺放的位子沒有嚴格規定。

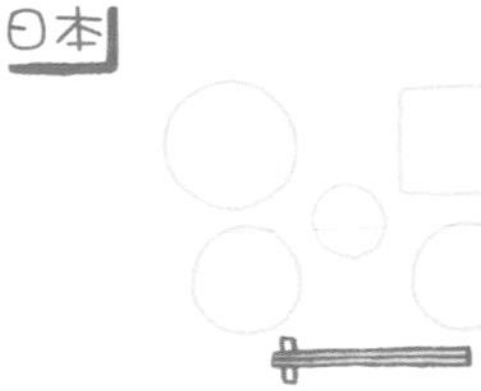
日本

也只有日本，男女老少用的筷子長度不同。

廣角觀點 3

世界三大食法

主要地區：歐洲、南北美、俄羅斯等。
主要宗教：基督教。
主要食物：麵包、肉類。

主要地區：東南亞、南亞、西亞、非洲、大洋洲等。
主要宗教：印度教、伊斯蘭教。
主要食物：秈稻、芋類、水果等。

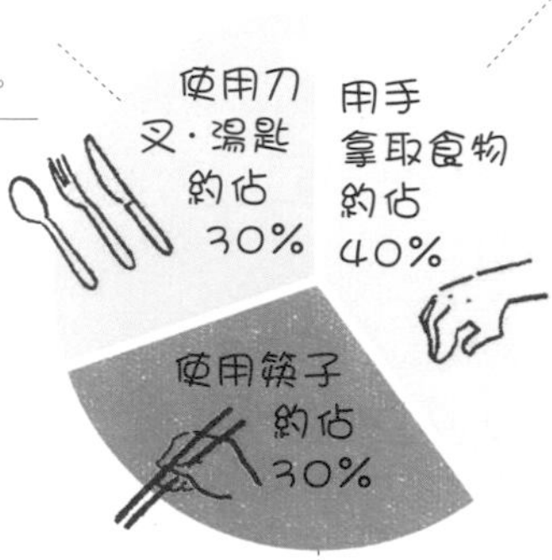
使用刀叉·湯匙 約佔 30%
用手拿取食物 約佔 40%
使用筷子 約佔 30%

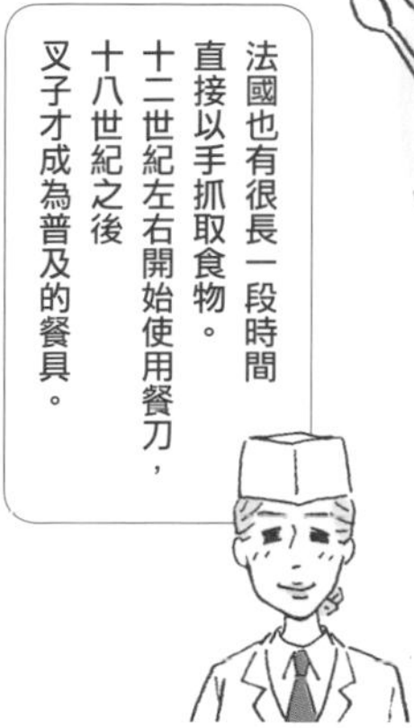
法國也有很長一段時間直接以手抓取食物。十二世紀左右開始使用餐刀，十八世紀之後叉子才成為普及的餐具。

主要地區：日本、中國、朝鮮半島、台灣、越南等。
主要宗教：佛教、儒教。
主要食物：粳稻、麵類。

原來世界上以手取食的人最多~

關於以手取食

在印度教與伊斯蘭教的觀念中，用工具飲食是一件不潔的事，以手取食才是最潔淨的方式。印度教有強烈的「不潔」觀念，左手被視為不潔的手，吃東西的時候把食物送入口中的是右手，另一方面，分裝食物時則使用左手。

不過，最近智慧型手機在印度快速普及，為了避免弄髒手機，據說從以手取食改成使用湯匙的人增加了不少。

原本使用右手的三根手指吃飯……
現在為了怕弄髒手機，改用湯匙吃飯。

沒想到智慧型手機連飲食文化都能改變~

好吃嗎？鮪子。
魚
唔唔
唔唔
……你養的？
最近認識的人拜託我收養的。牠最喜歡吃鮪魚碎肉了。
啊！
所以叫鮪子？
命名的品味真是……
以前，說到夏天的鮪魚又有「貓跨」的別稱，意思是難吃到連貓都直接跨過去不想吃……
不需要喵——
別過頭
鮪魚是紅肉魚，氧化得快，品質不容易控管。
從前的人會把赤身的部分用醬油醃漬起來就是為了防止腐敗。而油脂豐富、醬油不容易滲入的腹肉就直接丟棄。
丟棄
欸？是鮪魚耶！
好浪費喔！
後來是怎麼改變的呢？
腹肉耶……！
從前日本的市場裡頭尾完整的魚被認為是狀態較好的魚。
像是頭尾完整的鯛魚就很貴。

然而，實際上切下尾鰭放血之後的魚肉更容易保持新鮮度。
缺氧而死
腥臭
失血過多而死
保持新鮮度
這個放血的程序是魚從海中撈起後直接在船上進行的，改善了魚肉腥臭的問題。
此外，一九六〇年代後半攝氏零下六十度的超低溫保存冷凍技術發達，能將新鮮的生鮪魚肉保存一年的時間口感依然不變。
氟冷媒
-25°c ~ -45°c
氟冷媒
-60°c
遠洋捕獲的鮪魚也能保持美味從此以後就能做成好吃的生魚片了。
換句話說，生魚片的料理，從捕撈上船的那一刻就開始進行了。
哇哈哈哈
最初的料理人就是我啦！
大家往往認為生魚片是傳統料理，其實這是拜冷凍技術發達所賜的美食呢。
對。現在能輕鬆吃到生魚，都要感謝背後物流工程的努力。
要好好感謝喔。
懂嗎？
喵？

1-4 魚

四面環海的魚之國度

日本近海有世界數一數二豐富的漁場

在冷凍技術發達之前，喜愛生魚的日本人用醋拌魚肉等方式，想方設法吃生魚。《萬葉集》裡就有這麼一首詩歌：

想吃鯛魚　沾醬醋　和搗過的蒜（醤酢に　蒜つき合てて　鯛願ふ）
才不要喝　水葵湯（われにな見えそ　水葱のあつもの）

詩歌裡的「醤」是醬油的原型（請參照第九十二頁），蒜是如現代大蒜般氣味強烈的野草。想在醋味噌醬中加入搗過的蒜，用來沾鯛魚吃，至於水葵湯就不必了。這首詩歌吟詠的，就是這樣的心情。奈良時代已有將生魚切成細條，用醬醋涼拌的「膾*」，這種料理被認為是生魚片（刺身）的前身。由此可知，當時的人就已經喜好吃生魚。日本人之所以這麼喜歡生魚，或許因為日本近海可生吃的魚種類非常豐富的緣故。

＊請參考P.28註釋

圖1　日本近海的海流

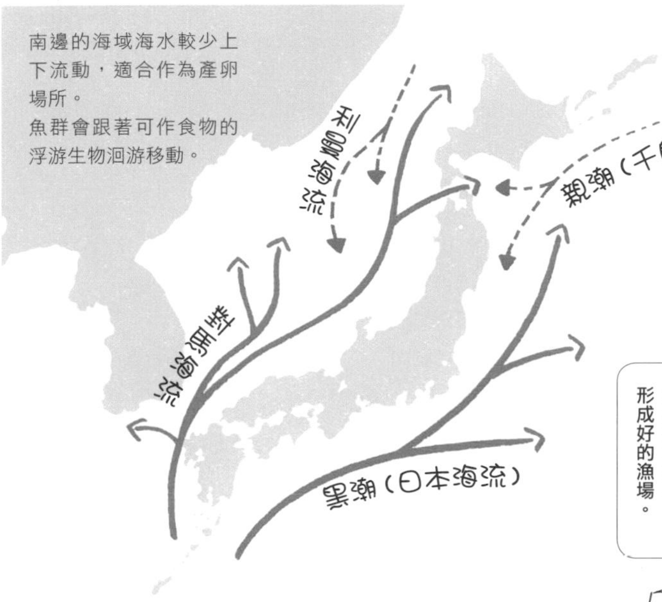
南邊的海域海水較少上下流動，適合作為產卵場所。
魚群會跟著可作食物的浮游生物洄游移動。
利曼海流
親潮（千島海流）
對馬海流
黑潮（日本海流）

冷暖海流的交匯處稱為潮境，魚群集中於此形成好的漁場。

圖2　親潮海水的動向

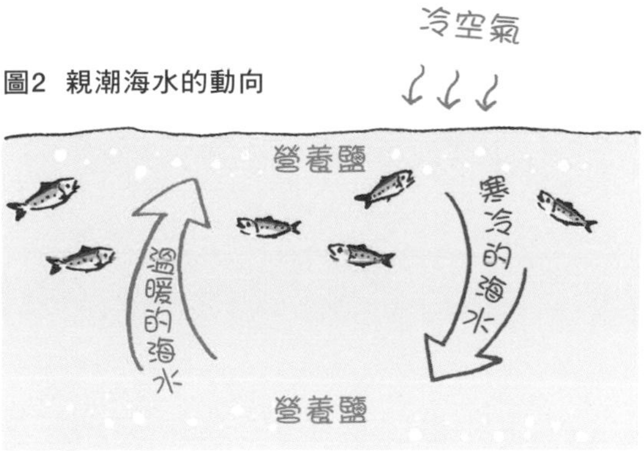
冷空氣
營養鹽
溫暖的海水
寒冷的海水
營養鹽

親潮的海水寒冷，海流上下移動頻繁，將海底的營養鹽帶到海面。因此，浮游生物增加，吸引魚群聚集。

日本列島周遭有四個海流，對魚類的洄游和漁場的成形有很大的影響。黑潮（日本海流）一如其名，從空中看下去呈藍黑色，流速每秒約兩公尺，是寬度長達一百公里的大型海流，從赤道運來莫大的熱能。另一方面，親潮（千鳥海流）流速雖然較弱，卻能流到很深的地方，流量足以媲美黑潮。

親潮裡含有能作為魚群食物的大量浮游生物，孕育出許多的魚，有如魚群的父母，因此有「親潮」之稱。親潮與黑潮交匯的三陸沖，是世界三大漁場之一。

日本周圍的太平洋北西部海域，是世界上漁業生產量最多的海域，這裡的漁業生產量相當於全世界百分之二十五，高達兩千兩百七十五萬噸*。四方環海的日本，國土面積雖只排名世界第六十二，複雜蜿

圖3 海洋食物連鎖

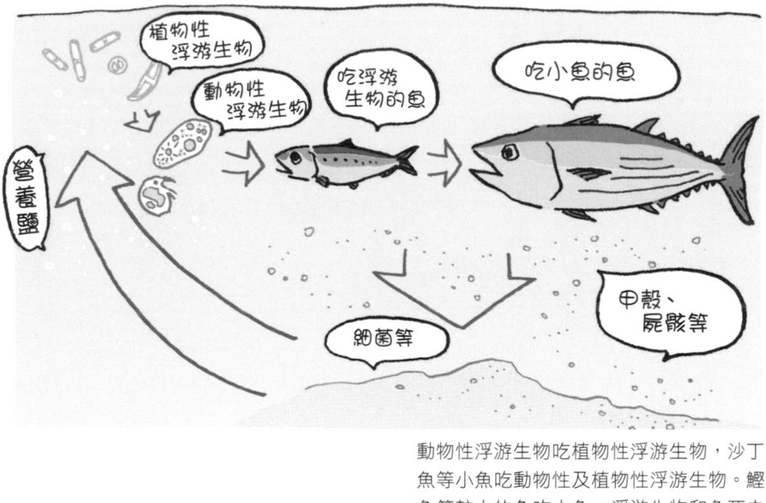

動物性浮游生物吃植物性浮游生物，沙丁魚等小魚吃動物性及植物性浮游生物。鰹魚等較大的魚吃小魚。浮游生物和魚死去後被細菌分解為營養鹽。

＊水產廳2016年統計結果。

蜒的海岸線長度卻是世界第六長，排他性經濟水域[*1]的面積之廣，也是世界第六。全世界一萬五千種海水魚中，約有相當於百分之二十五的三千七百種棲息於此[*2]。位處寒流與暖流交匯之際，生態系非常豐富，日本漁場的特徵是不只數量傲視全球，魚的種類也多。

與世界逆流而行的日本漁業

過去日本曾是世界第一的水產大國，現在產業卻呈現衰退趨勢。比較圖表1．2，可知世界整體漁業生產量遞增，日本卻從高峰的一九八四年開始，三十年來減少至剩下三分之一。現在日本人吃的魚，有一半仰賴進口。

日本漁業生產減少的原因有好幾個。首先是為海水提供養分的廣葉樹林銳減，以及溫室效應造成的海洋環境變化。此外，外國漁船在公海大量捕魚，間接導致洄游日本近海的魚群減少也是原因之一。不過，最大的原因，還是必須歸咎於長年的濫捕。

挪威及冰島等漁業先進國，很早就開始進行水產資源管理。一九七〇年代，這些國家根據科學判斷，制定每一種魚的漁獲上限（TAC制度[*3]），對所有從事漁業的業者個別分配漁獲限額（IQ／個別配額[*4]）。不捕尚未長大的魚，徹底限制漁獲量。如此一來，可以在漁獲價值最高的時期穩定捕撈到已經長大的魚，漁業成為高收入且吸引人投入的行業。

＊1 排他性經濟水域：根據聯合國海洋法公約設定之水域。指沿岸國家擁有向海面延伸200海里（約370公里）海域之獨家漁業資源的權利。又稱專屬經濟海域。

＊2 根據水產廳2016年的統計。

＊3 TAC制度：TAC（Total Allowable Catch）指漁獲總容許量，目的是透過制定可捕獲的總量來達到水產資源的保護。

＊4 IQ（Individual Quota）／個別配額：將TAC制定的漁獲總量分配給個別捕漁業者或個別漁船的制度。

圖表1　世界漁業・養殖業生產量走勢

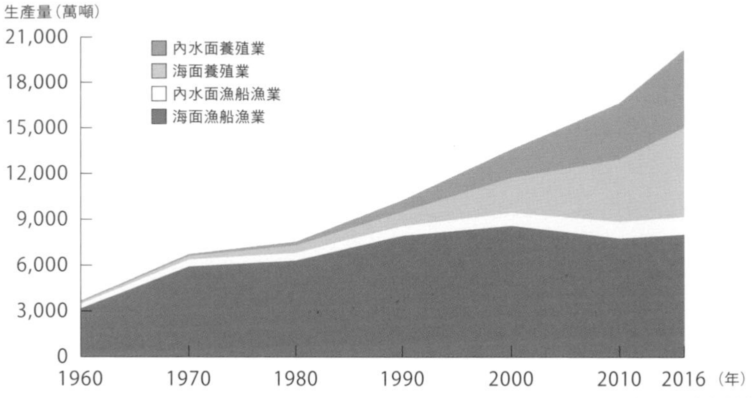
生產量（萬噸）
21,000
18,000
15,000
12,000
9,000
6,000
3,000
0
內水面養殖業
海面養殖業
內水面漁船漁業
海面漁船漁業
1960
1970
1980
1990
2000
2010
2016（年）

引用自水產廳資料

圖表2　日本漁業・養殖業生產量走勢

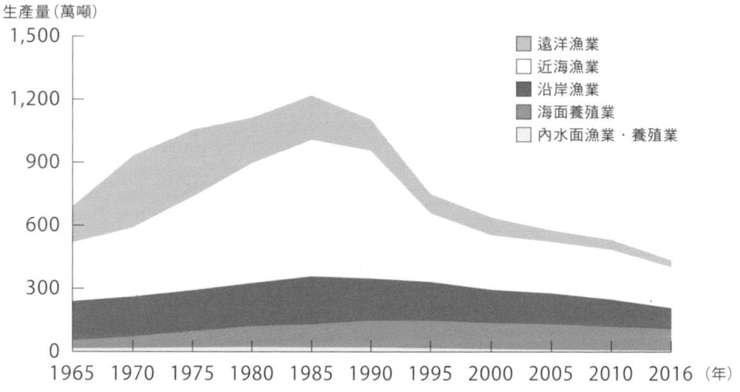
生產量（萬噸）
1,500
1,200
900
600
300
0
遠洋漁業
近海漁業
沿岸漁業
海面養殖業
內水面漁業・養殖業
1965
1970
1975
1980
1985
1990
1995
2000
2005
2010
2016（年）

引用自水產廳資料

世界漁業生產量這三十年來從一億噸增加到約兩億噸。
日本從1984年的1278萬噸，減少到2016年的436萬噸，只剩下3分之1。

另一方面，日本也於一九九六年制定了可捕漁獲總量，但列為對象的魚種少*對捕獲量上限的規定又太寬鬆。此外，個別配額的單位為各縣或各地漁協，而非單一捕魚業者或單一漁船，造成只要比別人先下手就能捕到更多魚的「先下手為強」狀態，連未成熟的魚都因此而被捕撈殆盡。結果，不但無法防治濫捕，漁獲量過剩又造成魚價下跌，陷入漁夫收入無法提昇的狀態。

針對此一現狀，二〇一八年十二月，日本政府睽違七十年地修正了漁業法，決定導入以個別捕魚業者為單位的配額制度。此一改變顯示了強化資源管理的方向，令人期待今後漁業的永續經營。

可永續經營的「培育型漁業」仍只有少數

日本人雖然愈來愈少吃魚，站在全球的角度看，因為追求健康飲食與和食風潮，使得魚消費量逐年上升。從圖表1即可看出，為了因應魚消費量上升的趨勢，世界漁業生產量二十年來增加了大約一點六倍。為了支撐這些增加的消費量，必須依靠養殖生產。世界養殖生產量在這二十年間增長了超過三倍，二〇一三年起已佔漁業生產總量的百分之五十以上。在日本，為了增加水產資源，也有必要從以往的「捕漁業」轉型為「製造培育型漁業」。

「製造培育型漁業」可分為「栽培漁業」與「養殖漁業」。栽培漁業指的是從魚

＊日本目前有漁獲限額的8個魚種為日本竹莢魚、日本鯖魚、花腹鯖魚、斑點莎瑙魚、阿拉斯加鱈魚、秋刀魚、松葉蟹（灰眼雪蟹）及太平洋黑鮪魚（截至2020年9月資訊）。

卵到魚苗都在設施內培育，成長到某種程度可抵禦外敵後再將其放流的方式。包括真鯛、比目魚和鰈魚在內，日本各地約有四十種魚苗放流。

而說到養殖，最有名的莫過於「近大鮪魚」。二〇〇二年，近畿大學水產研究所花費三十二年時間，終於成功達到黑鮪魚的完全養殖。像近大鮪魚這樣的「完全養殖」，是以人工孵化的方式從魚卵培育至成魚，培育出的成魚所生的魚卵再度進行人工孵化。用這樣的方式，就可以在不依賴天然魚卵或幼魚的情形下持續生產。相對於此，國內的其他養殖鮪魚幾乎都是將捕捉來的幼魚放在養殖池裡培育為成魚後出貨。進口的養殖鮪魚，則幾乎都是捕來天然成魚，飼育一定期間養出豐富的油脂後出貨，這種方法稱為「畜養」。

圖4　養殖與畜養與栽培漁業（以鮪魚為例）

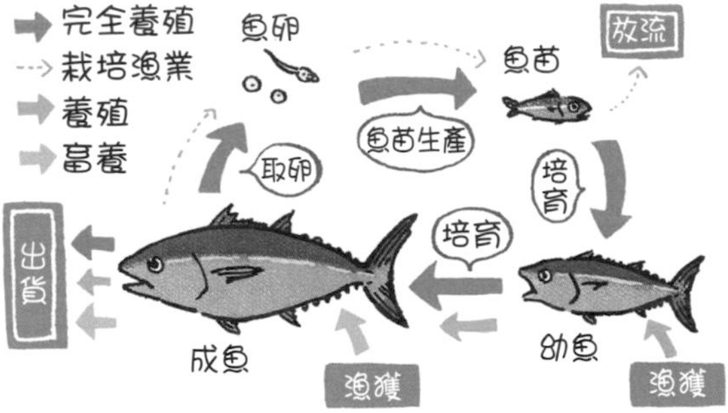

〈完全養殖〉從人工孵化到養成成魚後出貨、取卵。
〈栽培漁業〉從魚卵開始培育到成為魚苗後放流。
〈養殖〉捕來幼魚培育至成魚後出貨。
〈畜養〉捕來成魚養大後出貨。

養殖最大的問題是飼料。如果以天然的小魚為飼料，就稱不上是可持續生產的方式，成本也很高昂。因此，養殖漁業在飼料方面下了不少工夫，例如二次利用漁產加工時產生的殘渣當作飼料，或使用植物性原料製成的飼料，也有在飼料中加入柑橘類以抑制魚肉變色、腥臭的做法，藉以提高養殖魚的價值。

魚板界的創新冷凍魚漿

在能取得豐富漁產的日本，為了保存魚肉而發展出的方法之一，就是魚板、竹輪、半片等用魚漿做成的食物。在魚肉中加入百分之二到三的食鹽，將魚肉搗出黏性，就會成為「魚漿」。魚漿能水煮，能蒸也能炸，是食用方法多樣化的食物。魚板這種食物歷史悠久，平安時代已經有將

《近世職人盡繪詞》（局部）（國立國會圖書館數位館藏）

江戶後期繪卷（請參照P.136）。描繪生活在江戶的各種工匠。

生動地描繪出工匠製造半片的情形呢。

魚漿裹在竹棒上烤來吃的東西，堪稱魚板的原形。

為曾是奢侈品的魚板掀起革命的，是「冷凍魚漿」的技術。一九五九（昭和三十四）年，北海道立水產試驗場（現在的道總研中央水產試驗場），在研究容易腐壞的阿拉斯加鱈魚時開發了這項技術。冷凍魚漿的做法，是將魚肉泡水後再經過脫水、過篩，加入砂糖及磷酸鹽後冷凍。在這項技術下，解凍後也無損製作魚漿時所需的魚肉彈力，又能長期保存。一九六五（昭和四十）年之後，海上加工船已能生產高品質的冷凍魚漿，冷凍魚漿的使用率急速提高。

使用冷凍魚漿烹調不需要處理生魚，又可以長期保存，現在世界各國都有冷凍魚漿的生產。魚漿的日文發音「SURIMI」更成為世界共通的語言。

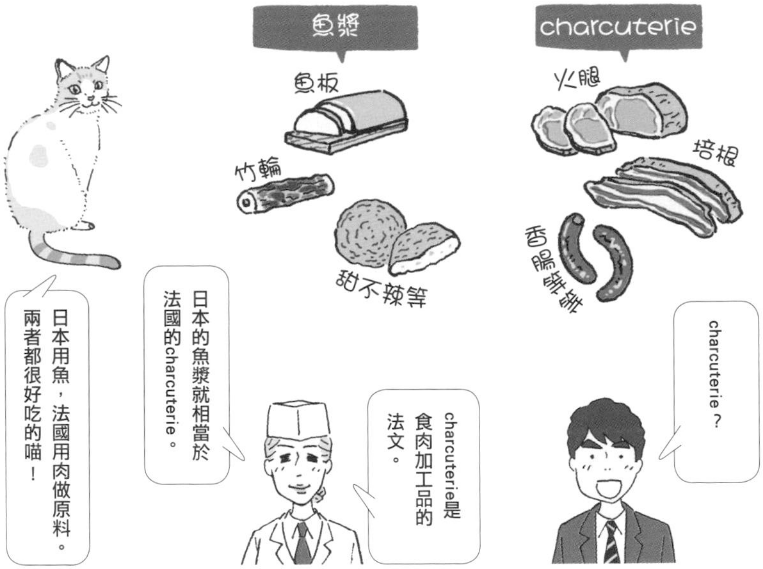
charcuterie
火腿
培根
香腸等等
魚漿
魚板
竹輪
甜不辣等
charcuterie？
charcuterie是食肉加工品的法文。
日本的魚漿就相當於法國的charcuterie。
日本用魚，法國用肉做原料。兩者都很好吃的喵！

廣角觀點
4

蟹肉棒在海外也大受歡迎

蟹肉棒略史年表

〈1972年〉
SUGIYO公司發售了世界最早的蟹味魚板「蟹腳」。
〈1977年〉
排他性經濟海域的設定，使螃蟹的漁獲量減少。
〈1980年〉
聯合航空機上餐引進蟹肉棒為食材，正式出口美國。
〈1980年代〉
蟹肉棒以「surimi」的名稱在歐洲普及。
〈現在〉
全世界生產最多蟹肉棒的國家是立陶宛（立陶宛生產約八萬噸，日本則是約五萬噸）。
法國的蟹肉棒消費量和日本差不多（兩者都約五萬噸）。

1972年發售世界上最早的蟹味魚板「蟹腳」。

スギヨ

スギヨ

1975年發售的「黃金蟹腳」。從原本的薄片狀，變化為蟹腳的造型。

蟹肉棒在歐洲稱為「surimi」，在美國稱為「crab stick」。
是喔！沒想到！
「蟹肉棒」和「泡麵」、「咖哩調理包」同為戰後日本食物的三大發明。

THON

法國是surimi的消費大國。有肉捲狀、捲上起士的或蝦片狀等各種型態的魚漿製品。

也可用來做法國麵包三明治或義大利麵。

蟹肉棒深受全球喜愛的原因

①比真正的蟹肉便宜。
②沒有魚刺也沒有魚腥味，方便烹調。
③能對應各國飲食文化，各種料理都能入菜。
④高蛋白質，低脂肪的健康食材。
⑤只要導入機器就能生產。
⑥主原料為阿拉斯加鱈魚，也可以其他魚種代替，不用擔心原料缺乏。

魚漿健康爽口，很受法國女學生們的歡迎。

*日文發音「神饌」（しんせん，shinsen）與「新鮮」（し

現在一般來說*供奉的神饌都是稱為「生饌」的生鮮食材，不過……
這樣無法直接吃吧？
＊明治時代初期祭典儀式經過修改，全國統一供奉「生饌」成為普遍的做法。
明治時代以前，供奉的是「熟饌」，對這塊土地上的人來說就是把平常吃的食物中最美味的東西獻給神明。
「熟饌」＝經過烹調的神饌
哇！好棒的大餐！
看起來好好吃！
名為「熟饌」的「神饌」，就是日本料理的原點。
日本料理的原點？
真想看看神饌長怎樣。
目前依然製作神饌的地方已經不多。像是奧能登的農耕儀式「饗之祭祀*」就是用從前人的大餐來迎接「田地之神」到來。
＊2009年獲聯合國教科文組織認定為世界非物質文化遺產。
田地之神是一對夫妻所以獻上兩套御膳。
師傅，帶我去奧能登！
我想看！我想看！
唔……好吧，看妳今後的工作表現。
兩個一起什麼起鬨……

神人共食是日本料理的原點

御節料理由「直會」演變而來

從前，經常發生饑饉等天災，人們要活下去比現在辛苦。從前的人向上天祈求，希望神明保護人類不受災害與疾病侵害。當作物豐收時，人們會感謝神明保佑，將食物供奉給神明，自己也一起吃。人與神一起享用神饌，是一件非常自然的事。

神饌或神人共食的行為，聽在現代人耳中或許很陌生，感覺不像日常生活中會發生的事。可是，舉例來說，正月時供奉的鏡餅年糕或作為年菜的御節料理、雜煮年糕湯等，就是由神人共食及「直會」演變而來。正月原本就是恭迎年神[*1]也就是穀物之神到來的儀式。

鏡餅是正月迎年神時的供品，同時，也是神明在正月期間降臨人間時依附的「依代[*2]」。自古以來，日本人相信米粒上有稻穀的靈力，由米粒濃縮而成的年糕，是特別具備神聖力量的食物。

＊1 年神：新年正月期間降臨家家戶戶的神明。也被視為帶來稻穀豐收的穀靈或祖先的靈魂。有時寫成「歲神」。

＊2 依代：神靈依附的對象。日本自古以來就相信世間萬物都有神靈棲宿。

五節供的由來與農耕禮儀

現在說到「御節料理」，指的都是正月吃的年菜，其實原本還有「五節供*1」，也就是除了正月之外，每年還有五次，分別在各個季節供奉食物給神明的節日。五節供是江戶時代制定的節日，包括正月七日的人日（七草節供）、三月三日的上巳（桃花節供）、五月五日的端午（菖蒲節供）、七月七日的七夕（七夕節供）和九月九日的重陽（菊花節供）。

五節供的由來，混合了中國古代傳來的風俗習慣與日本宮廷的傳統例行活動，以及民間為祈求豐收所進行的農耕禮俗，因此，昔日的五節供和現在說的五節供，又有一點不同。

一月七日「人日」吃七草粥*3的習慣最

吃年糕湯能夠獲得神明的力量呢。
人們認為年神會棲宿於鏡餅之上，因此用鏡餅煮的年糕湯是神明的分靈「年玉*2（歲魂）」。
給你以前的壓歲錢（年玉）。
圓餅年糕
謝謝。
要是能給真的錢就好了……

*1 五節供：現在一般寫成「五節句」，在江戶時代初期之前都寫為「五節供」。「節」即為各大節日，「供」則是供品的意思，符合五節供的本意，因此本書使用「供」字。

*2 年玉後來演變為壓歲錢。

*3 七草粥：在白粥中加入年糕和七種植物（水芹、薺菜、鼠麴草、繁縷、稻槎菜、蕪菁、白蘿蔔）的嫩葉煮成。

五節供的節慶食物與農耕禮俗

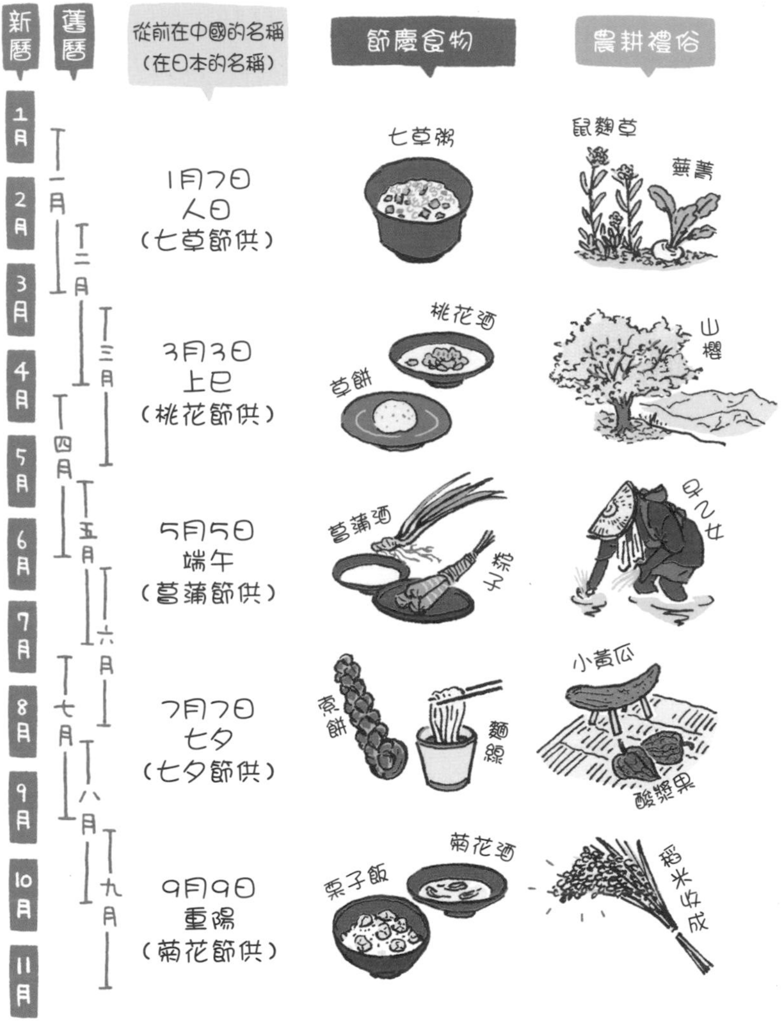
新曆
舊曆
從前在中國的名稱
（在日本的名稱）
節慶食物
農耕禮俗
1月
2月
3月
4月
5月
6月
7月
8月
9月
10月
11月
一月
二月
三月
四月
五月
六月
七月
八月
九月
1月7日
人日
（七草節供）
七草粥
鼠麴草
蕪菁
3月3日
上巳
（桃花節供）
桃花酒
草餅
山櫻
5月5日
端午
（菖蒲節供）
菖蒲酒
粽子
早乙女
7月7日
七夕
（七夕節供）
索餅
麵線
小黃瓜
酸漿果
9月9日
重陽
（菊花節供）
菊花酒
栗子飯
稻米收成

舊曆（請參照P.68註釋）以立春為新年之始，所以差不多比新曆慢一個月。舊曆以月圓月缺的狀況來決定每個月的第一天，因此每年與新曆的落差都不一樣。上圖中的紅線表示舊曆各月對照新曆時的最大範圍。

五節供原是舊曆的節日，因此和現代曆法對照時，有季節上的差異。

早來自中國，將七種嫩草葉菜放入熱湯中吃，祈求無病無災。這個習慣與日本古代的「若菜摘*1」習俗結合，發展成七草節供。特別值得一提的，是江戶時代後期以後的農村，將七草切碎放入白粥時流行大聲唱一首名為「七草囃子」的歌。歌詞提到「七草薺菜、於唐土之鳥遠渡日本土地前，敲打七草*2」，意思是用七草趕走破壞田地的外來鳥，其中也隱含了向神明祈求作物豐收的寓意。

三月三日女兒節（雛祭、桃花節）的起源，來自古代中國於河川等水邊舉行的除厄儀式「上巳節」。這個習俗傳到日本後，又與日本製作人偶代替人們背負災厄放水流的習慣結合。在上巳節供這天，人們喝桃花酒，吃艾草麻糬「草餅」。因為桃花有驅邪與保佑長壽的力量，艾草也有

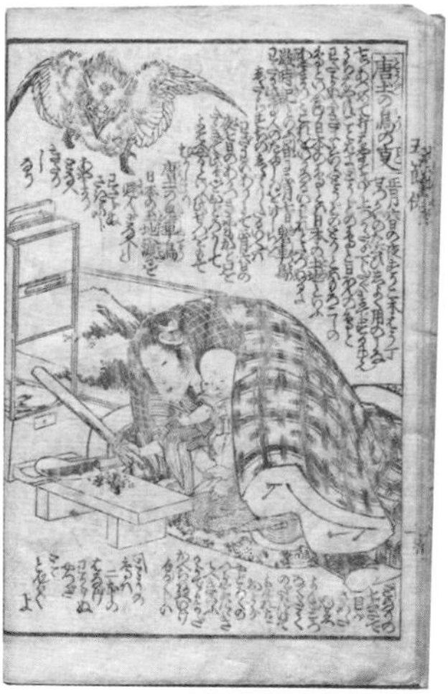

江戶時代後期繪草紙（附插圖的讀物）中的「唐土之烏之事」。描繪正月六日夜晚，一邊保護孩子不受烏侵害，一邊搗碎七草的母親。唐土之烏是會亂吃農作物的害鳥，也是中國傳說中會對幼兒作祟的怪鳥，深受民眾恐懼。

《五節供稚童講釋》局部（國立國會圖書館數位典藏）

七草囃子也可以說是農耕時祈求無災無禍，平安豐收的咒語呢！

*1 若菜摘：正月最初的「子之日」有到野外摘採若菜（植物嫩葉）的習慣。百人一首中收錄光孝天皇（請參照P.80）吟詠的句子「為你前往春之原野 摘採若菜 雪落在我的衣服與手上」。

*2 不同地區歌詞略有不同，本文引用的是福島縣流傳的版本。

除厄的效果。

舊曆[*1]三月三日約相當於新曆的四月，是插秧前的時期。農村中的人們，會在三月三日[*2]這天帶著便當，整村的人一起到附近登山，吃吃喝喝。這是因為從前的人相信山神會降臨於田裡變成田神，在展開一年的農耕生活前，眾人一起上山迎接神明，進行神人共食的儀式。這個例行公事廣傳於全國各地，稱為「山遊」。近海地方的人在海邊從事類似活動，稱為「磯遊」。現代人賞花或挖蛤蜊的活動，據說就是從山遊和磯遊演變而來。

五月五日端午節的起源，同樣是中國自古以來的節日活動。中國人會在五月五日端午節這天飲用具有除厄力量的菖蒲酒，或吃粽子驅邪避災。

日本的端午節原本是屬於女性的節日。

〈五節句之內皐月〉歌川國貞繪
（國立國會圖書館數位典藏）

描繪端午節時煮菖蒲水泡澡的情形。

＊1 舊曆：相對於現在的新曆（太陽曆），1872年12月31日（明治5年12月）前使用的曆法為舊曆，又稱太陰曆。以月盈月缺為基準，出現新月的日子就是每個月的第一天。每一次從月盈到月缺的週期約為29.5天，因此設定每三年一次的「閏月」加以調整。

＊2 山遊在氣候溫暖的地方多為3月3日，氣候寒冷的地方多為4月8日舉行。

舊曆五月是插秧的月份，從前，插秧是女人的工作。插秧同時也是向神明祈求豐收的神聖儀式之一，負責下田插秧的年輕女性稱為「早乙女」，相當於神社中的巫女，負責扮演迎接田神降臨的角色。早乙女們從五月四日晚上進入屋簷掛有菖蒲與艾草的房子裡淨身，直到五月五日才出關下田插秧。這是有「女之家」之稱的潔淨儀式，也是端午節早期被視為女性節日的原因。結束在「女之家」中淨身儀式的早乙女，穿上深藍色的單衣，繫著紅色腰帶，套上深藍色的護手，戴上斗笠，以這身正式打扮下田插秧。後來端午節供之所以演變為男孩節，是因為平安時代宮廷裡慶祝端午節時，加入中國傳來的「騎射[*1]」等例行活動，到了鐮倉時代，又因為「菖蒲」發音與「尚武＝崇尚武功」相同，慢慢地，端午節供就演變為以男人為中心的例行活動了。

七月七日的七夕，也融合了幾項日本與中國的傳統習俗和例行活動。起源之一的「乞巧奠」，是古代中國祈求裁縫手藝精進的祭禮。現代日本人熟悉的「彥星織姬」七夕傳說，也來自中國的「牛郎織女」傳說。

在日本，七夕是盂蘭盆節各種儀式的一環。舊曆盂蘭盆節是七月十五日，人們會在七月七日這天提早準備盂蘭盆節當天迎接祖先的精靈棚[*2]。此外，七月七日也被稱為「酸漿果節供」。過去酸漿果的根曾被用來當墮胎藥，女性如果在這個時期懷孕，到了割稻的季節，孕期正好進入第三、四個月，是害喜等症狀最嚴重的時候，

＊1 騎射：騎在馬上射箭。

＊2 精靈棚（盆棚）：盂蘭盆節時期特別設置的棚架，又稱盆棚。棚架中央放置迎接精靈的牌位及各種供品。

不方便下田。於是，婦女會在這個時節服用酸漿果根，避免上述情形。現在想想，這樣的做法其實有點可怕。

七夕也是小麥及夏季蔬菜的收穫祭典，人們在這天食用麵線瓜果等食物當作慶祝。七夕吃麵線的由來，原是中國自古以來於七月七日這天吃來祈求無病息災的「索餅*1」。這是一種用麵粉做成的油炸點心，傳到日本後，漸漸演變為麵線。

九月九日重陽節供，在古代中國是喝菊花酒祛除邪氣的習俗，傳到日本後，成為宮廷裡設宴賞菊的由來。相傳西元六八五年，天武天皇時代第一次舉行這樣的宴席。舊曆九月九日相當於新曆十月，是農村收穫稻米的時期，人們飲用菊花酒，吃栗子飯，用來慶祝這一年的收成。現在九州北部還會舉行名為「九日」的秋日祭典，一般認為和「御九日」也就是重陽節供舉行收穫祭的習俗有關。

日本料理為何尊崇奇數

五節供的月日，除了一月七日的人日之外，其他節日都由兩個相同的奇數組成月日，這是為什麼呢？原因來自古代中國的陰陽思想*2。陰陽思想認為奇數是屬陽的吉利數字，像三月三日或五月五日這樣的日子就是兩個陽數的重合，陽陽得陰，必須舉行供奉神明與驅邪除厄的例行活動。

日本料理尊崇奇數的觀念也來自陰陽思想。第七十六頁將介紹菜刀的陰陽，第

＊1 索餅：奈良時代傳至中國的油炸點心之一，以麵粉揉成麵團，再搓成細長繩索狀油炸。味道不甜，又稱麥繩。

＊2 陰陽思想：認為世上萬事萬物都由陰陽組成，陰陽互補調和，萬物由此誕生發展的思想。

一百六十五頁也會提到餐具的陰陽。

為何肉食曾被視為禁忌

日本人在明治時代之前，曾有很長一段時間不太吃肉。如果要探究其中原由，就要先從日本人的宗教觀開始看。日本人自古以來就擁有認為「森羅萬象皆有神靈棲宿」的獨特宗教觀。此外，日本也有名為「穢」的獨特觀念。穢指的是死亡或生產為生命帶來的不潔狀態。穢會帶來不幸，必須加以淨化或袪除。這是神道的基本觀念，之所以避吃肉食，也與「穢」的觀念有關。

奈良時代之前的日本，吃肉食還是一件普遍的事。西元六七五年天武天皇頒布「肉食禁止令」成為改變這個習慣的開端。只是，起初這道禁令的禁止對象為五

江戶時代紀行家菅江真澄的旅遊寫生筆記。1784（天明4）年他造訪諏訪大社時，將在御頭祭上看見的鹿頭及插在木棍上兔子描繪下來。御頭祭是祈求農作豐收的祭典儀式，從前還會獻上多達75顆鹿頭作為神饌。據說當時許多農民都要去狩獵。

《粉木稿》局部
（大館市立栗盛紀念圖書館藏）

日本人沒有食用家畜的習慣，當時吃的肉類，多為獵捕的鹿肉、山豬或禽鳥。

畜（牛、馬、犬、猿、雞），禁止期間也只限於四月到九月的農耕期，可想而知主要目的是為了保護稻作。

到了平安時代後期，結合佛教殺生有罪的教義和原本的「穢」思想，將動物的肉視為穢物，避吃肉食的風潮更盛，至江戶時代達到最高潮。

附帶一提，各位會不會排斥使用別人用過的筷子呢？莫名覺得別人使用過的筷子「不淨」，就是自古以來的「穢」思想造成。穢的觀念和洗過就恢復乾淨的「髒污」不同，沒有實體，不是實際存在的東西，只是一種感覺。這是日本人獨有的感覺，發展為日本人擁有自己專用筷子與飯碗的飲食文化。

山くじら

江戶時代後期，開始出現吃肉的店。人們稱之為「藥食」，以滋補身體為名目來吃肉。在鄙視肉食的潮流中，只好採取不將肉稱為肉的方法，例如山豬肉稱為「山鯨」、鹿肉稱為「紅葉」，馬肉稱為「櫻」等等。

〈名所江戶百景 雪中比丘尼橋〉歌川廣重繪
（國立國會圖書館數位典藏）

掛著大大的「山鯨」招牌，賣的是使用山豬肉的山豬肉火鍋店。

廣角觀點 5

因宗教緣故受到忌諱的食物

…等等

伊斯蘭教

戒律允許食用的東西稱為「清真（haral）」，禁止食用的東西稱為「禁忌（哈拉姆、haram）」。

〈必須迴避的食物〉

豬肉、酒精、血液、沒有經過宗教適當處理的肉類、鰻魚、花枝、章魚、貝類與醃漬物等發酵食品。

猶太教

有飲食規定，猶太教戒律中規定可以吃的食物稱為「kosher」。

〈必須迴避的食物〉

豬肉、血液、花枝、章魚、蝦、蟹、鰻魚、貝類、兔肉、馬肉、沒有經過宗教適當處理的肉類、乳製品與肉類的組合等。

…等等

印度教

印度教認為牛的神聖的動物，必須特別迴避吃牛。

〈必須迴避的食物〉

所有的肉類、牛肉、豬肉、魚蝦海鮮類、蛋、生食、五葷（蒜頭、韭菜、蕗蕎、洋蔥、蔥）。

基督教

基本上幾乎沒有禁止的食物，不過部分派別有些禁忌事項。

〈必須迴避的食物〉

部分的酒類、咖啡因、香菸，與部分或全部肉類。

…等等

佛教

部分的僧侶，或篤信者對飲食有較嚴格的禁忌。

〈必須迴避的食物〉

部分或全部肉類。部分或全部牛肉。部分或全部五葷。

上記述根據《接待有各種飲食文化．飲食習慣之外國客人時的指導手冊》（國土交通省 綜合政策局 觀光事業課）內容。

接待來自國外的客人時，要特別小心才行呢。
和其他國家或宗教相比，日本飲食幾乎可說百無禁忌。

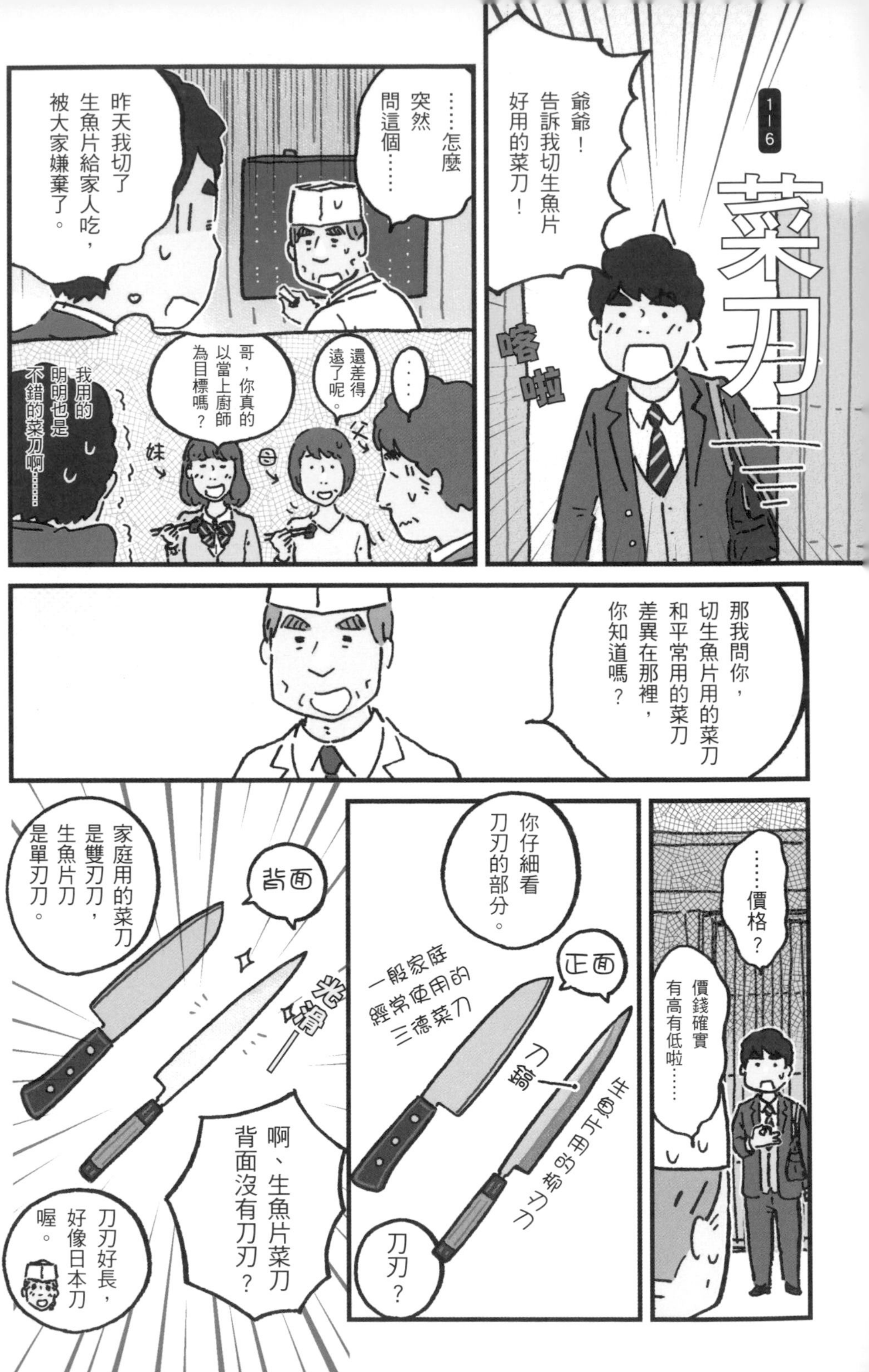

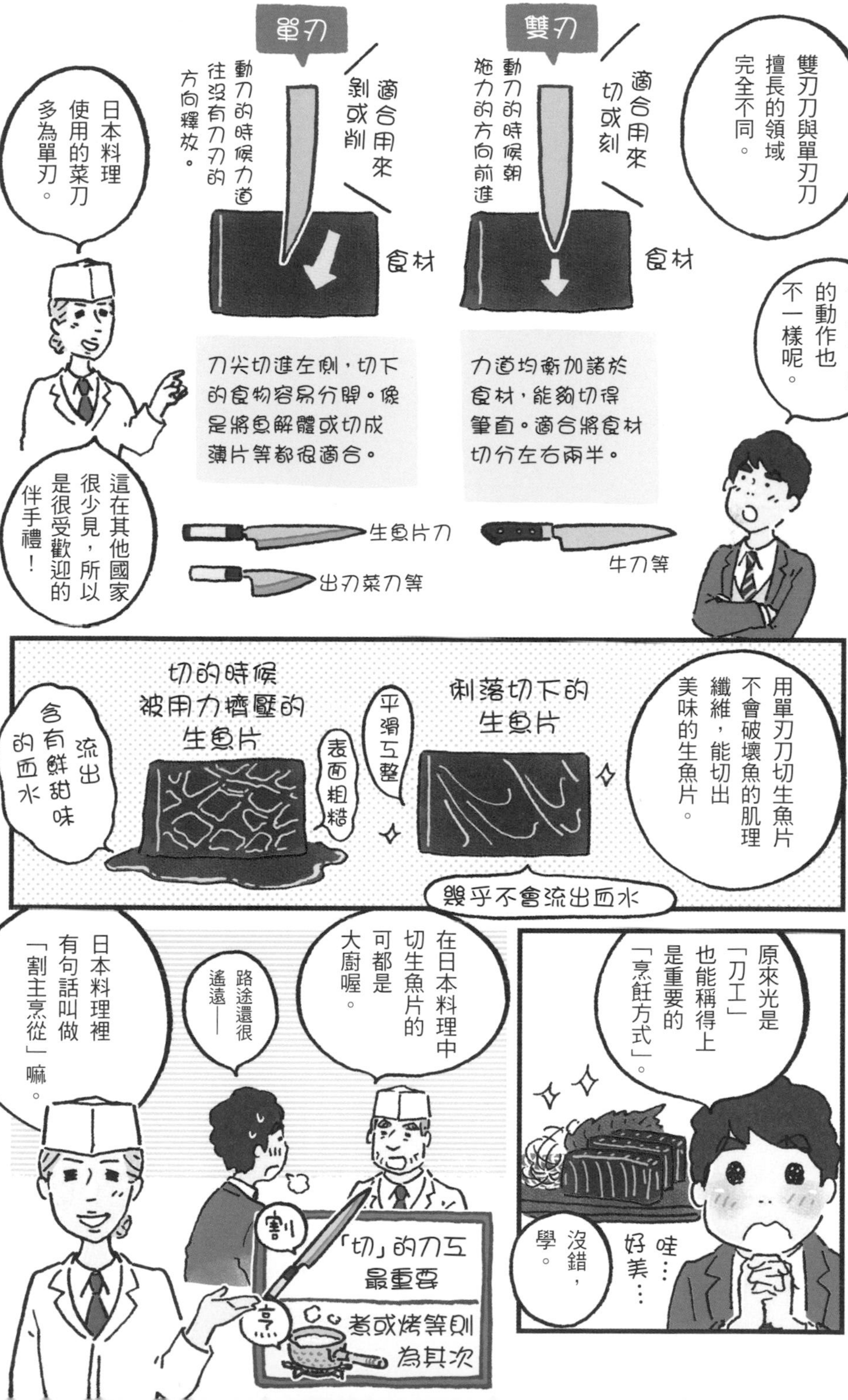
雙刃刀與單刃刀擅長的領域完全不同。
雙刃
適合用來切或刻
動刀的時候朝施力的方向前進
食材
力道均衡加諸於食材，能夠切得筆直。適合將食材切分左右兩半。
牛刀等
單刃
適合用來剁或削
動刀的時候力道往沒有刀刃的方向釋放。
食材
刀尖切進左側，切下的食物容易分開。像是將魚解體或切成薄片等都很適合。
生魚片刀
出刃菜刀等
日本料理使用的菜刀多為單刃。
使用菜刀時的動作也不一樣呢。
這在其他國家很少見，所以是很受歡迎的伴手禮！
用單刃刀切生魚片不會破壞魚的肌理纖維，能切出美味的生魚片。
俐落切下的生魚片
平滑工整
幾乎不會流出血水
切的時候被用力擠壓的生魚片
表面粗糙
流出含有鮮甜味的血水
原來光是「刀工」也能稱得上是重要的「烹飪方式」。
哇…好美…
沒錯，學。
在日本料理中切生魚片的可都是大廚喔。
路途還很遙遠——
日本料理裡有句話叫做「割主烹從」嘛。
割
「切」的刀工最重要
烹
煮或烤等則為其次

1-6 菜刀

將切生食視為至高無上的日本料理

單刃菜刀與菜刀的陰陽

「綁一把菜刀在身上，踏上旅程，這也是廚師的修行♪」。一九六〇年的暢銷演歌金曲《月之法善寺橫丁》有這麼一句歌詞，就像歌詞所描述的，過去對日本料理人來說，菜刀就如同武士手中的刀。為什麼菜刀這麼重要呢。

日本是從什麼時候開始有菜刀已未可知，只知現存最古老的菜刀，是保存在奈良正倉院中的菜刀。這把菜刀的外觀看上去就像日本刀，不過，日本刀屬於雙刃刀，這把菜刀則是單刃。鑄造菜刀的技術從中國傳來的可能性很高，然而，中華菜刀自古以來都是雙刃刀，因此，單刃刀很可能是日本人的發明。

第七十頁也曾提到，菜刀也分陰陽。正因為是單刃菜刀，才得以區分陰陽。有刀刃的那一側為「陽」，無刀刃的那一側為「陰」。像是削白蘿蔔皮等，處理圓柱狀食材的時候，接觸食材的會是有刀刃的「陽側」，如此一來，繞著圓形切下的食

陰
陽

光是切生魚片，
就有這麼多種類的菜刀。
利用刀刃的長度，
像拉開菜刀一樣地切。

左起分別是生魚片菜刀（別名：柳刃菜刀）、河豚生魚片專用菜刀、章魚生魚片專用菜刀。章魚生魚片專用菜刀是關東型的生魚片菜刀。右側照片是有刀刃的「陽側」，左側照片是沒有刀刃的「陰側」。

圖1　菜刀的陰陽

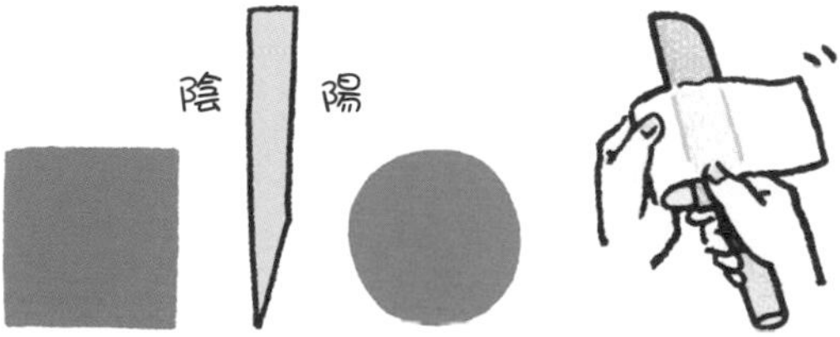

陰
陽

圓形食材用菜刀的陽側
切出屬「陽」的食材。
方形食材則用陰側
切出屬「陰」的食材。

圖2　用軟鐵與剛鑄合的菜刀剖面圖

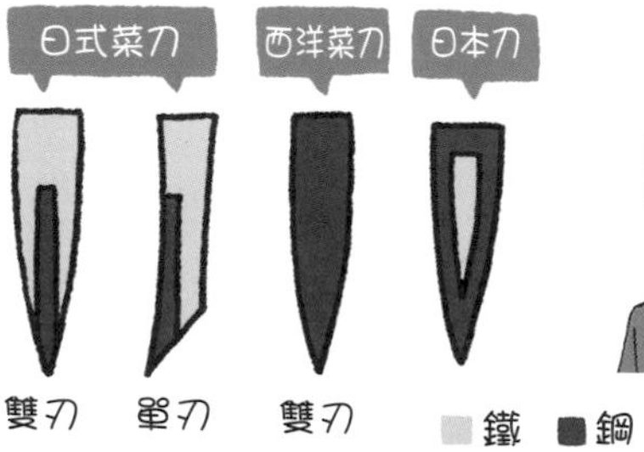

日式菜刀
西洋菜刀
日本刀
雙刀
單刀
雙刀
鐵
鋼

日式菜刀
是用鐵與鋼
混合鑄造的。

材就會屬於「陽」。相反地，將食材切成四角形時，接觸食材的是沒有刀刃的「陰側」，切出來的食材就會屬於「陰」（圖1）。用菜刀的「陽側」還是「陰側」處理食材，切出來的食材呈現不同表情，日本料理就是這樣透過菜刀調和陰陽，展現料理的協調性。

食用生魚的傳統由單刃菜刀發展而來

日本發展出單刃菜刀的原因，或許在於日本料理中視生食（生魚片）為珍饈的緣故。背後的原因又可能與日本水質清澈，能捕到種類豐富的可生食魚類，以及過去很長一段時間避食肉類有關。

在歐美，大多數的菜刀，整把刀刃都以鋼製成，在處理柔軟的魚肉，尤其是要將魚肉切成薄片時，這樣的刀刃太硬了。相較之下，日式菜刀和日本刀一樣，都是以鋼和軟鐵鑄合而成（圖2）。這樣的刀兼具鋼的硬度和鐵的柔韌，不只適合切魚肉這樣柔軟的食材，還能透過刀身傳遞微妙的手感，需要做出細緻刀工時，使用起來就會很順手。

比起香氣，口感更是生魚片美味的關鍵。如果是切肉，切面是否美觀不太重要，但是，生魚片的切面必須切得美，嘗起來口感才會綿密，也才吃得到美味。據說把用鋒利生魚片刀切下的生魚片剖面放在顯微鏡下，可以看到連細胞都沒有損傷。在不破壞細胞的情形下切下生魚片，就代表食材的美味沒有流失。現在，很多國外大廚也都愛用能切出食材美味的日式菜刀。

「包丁式」儀式是「在人前做菜」的料理原點

日本料理店的廚師稱為「板前」，這個稱呼出現於江戶中期，意思是「站在砧板前工作的人」。在這之前，還有將廚師稱為「包丁人（或包丁師）」的說法（包丁即為是日語的菜刀）。為什麼稱為包丁人呢，一起來回顧這一段歷史吧。

關於「包丁」一詞的語源眾說紛紜，有一說是包丁原本寫為「庖丁」，庖在中國是「廚房」的意思，「丁」則代表勞動者，庖丁也就等於廚師。另外一個說法則認為來自中國古籍*中一個名叫「包

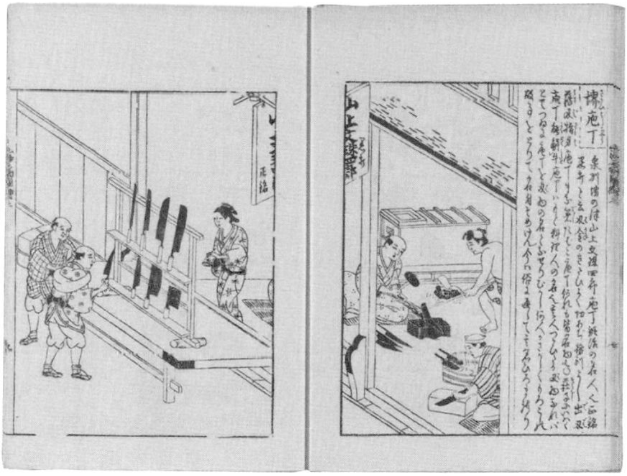

《日本山海名物圖會》（國立國會圖書館數位典藏）

介紹江戶時代中期日本各地物產的圖會。描繪堺這個地方菜刀店店頭擺出的各式各樣菜刀。

到了和平的江戶時代，
武士刀的需求減少，
各地鑄刀工匠，
開始轉為製造菜刀。

＊《莊子》養生篇與《呂氏春秋》精通篇。前者為紀元前4～3世紀的書，後者為紀元前2世紀的書籍。

丁」，能夠輕鬆支解一頭牛的廚師。

接著要介紹的是名為「包丁式」的傳統儀式。包丁式是頭戴「烏帽」、身穿「直垂」和服，坐在一塊大型砧板前，右手持「包丁（菜刀）」，左手持「盛箸（料理用的長筷子）」，以雙手不觸碰食材的方式切分食材的儀式（左下圖）。現在，包丁式多半只在神社舉行奉納儀式的時候才看得到，其實包丁式的原點，是為進獻天皇的料理除穢的「潔淨」儀式。日本自古以來，就有將死亡視為不潔的傾向（請參照第七十一頁），天皇在吃魚或雞之前，必須先經過為生物屍骸除穢，使其轉變為潔淨食物的過程。這個過程，就是包丁式。因此，也可以說包丁式是一個「對奉獻出生命的食物表達感謝之情」的儀式。

包丁式的起源，可回溯到平安時代。

生間流（請參照P.125）的包丁式。

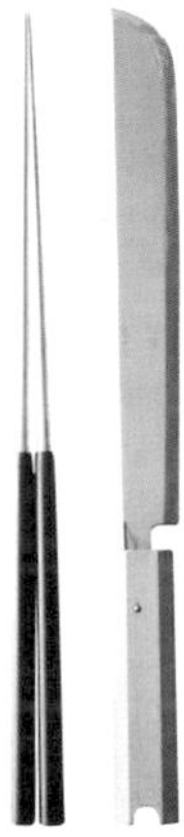

包丁式上使用的菜刀（右）與長筷（左）。

奉光孝天皇（西元八三〇至八八七年）之命，四条中納言藤原山陰規劃出一套用菜刀切鯉魚生魚片及擺放的形式，並將此做法納為宮廷中的例行活動。從此之後，要在眾人面前使用菜刀時，就稱為「使包丁」，而使用菜刀的人就稱為「包丁人」。

平安時代末期，原為宮中儀式的包丁式，漸漸成為民間款待客人時的社交禮儀。貴族、官員等身分地位較高的人，也會在宴請客人時，自己拿起菜刀公開一場包丁式。儀式上切分好的魚肉或雞肉，再交由廚師烹調宴客。到了室町時代，武士之間也流行起公開包丁式，這習慣經過一番演變，成為廚師直接代替主人在客人面前執行包丁式的做法。侍奉官員或武士的廚師們又發展出不同的方式，形成幾種不同流派的包丁式，各自作為獨門儀式傳授

《酒飯論繪卷》局部（國立國會圖書館數位典藏）

室町時代後期繪卷（請參照P.124）。描繪一名看似武士的人物右手持菜刀，左手持長筷切分魚肉和雞肉的模樣。

古人坐著
調理食物，
所以砧板都有腳。

下來，引領日本的飲食文化[*1]。

當時的廚師「包丁人」身分地位多半很高，他們只負責拿菜刀切分魚肉或雞肉，實際上烹調食物的是身分地位較低的下級料理人[*2]。包丁人熟知包丁的使用方式和禮儀規範，對料理技術和味道卻不太講究。日本料理有《割主烹從[*3]》的說法，將「切」也就是刀工視為第一的思想，背後有著這樣的歷史。

話說回來，看到料理人在自己面前展現一手好刀工，是「板前割烹」特有的樂趣。戰後進軍美國並大獲成功的日式鐵板燒餐廳，就是以在客人面前提供燒烤秀的方式博得消費者的歡迎。歐美國家過去沒有在人前展現廚藝的傳統文化，相較之下，日本從包丁式的年代就已有在客人面前秀一手刀工絕活的「表演」傳統。

看起來好好吃喵～
在客人面前烤牛排展現料理絕活的鐵板燒，其根源或許就是包丁式。
俐落的手法，好像在表演一場秀！

＊1 請參照P.123~P.125。
＊2 江戶時代末期，負責烹調的料理人也開始模仿包丁人，兩者之間的階級地位逐漸模糊。
＊3 請參照P.83。

廣角觀點 6

日本料理與法國料理的廚房組織

日本料理的廚房組織

基於「割主烹從」觀念，視「割（切、也就是刀工）」為最重要技術的金字塔型組織。

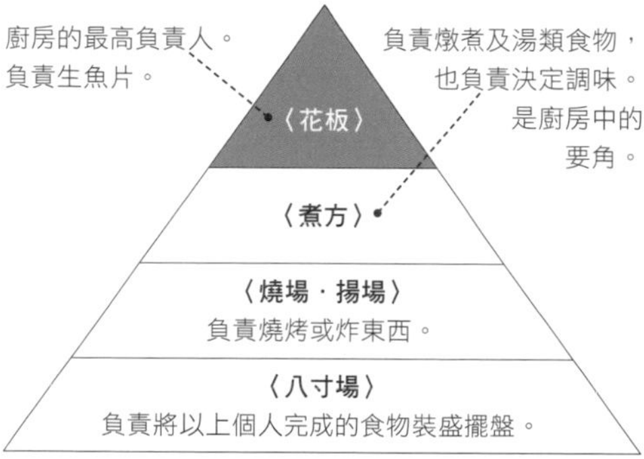

廚房的最高負責人。
負責生魚片。
〈花板〉
負責燉煮及湯類食物，
也負責決定調味。
是廚房中的
要角。
〈煮方〉
〈燒場·揚場〉
負責燒烤或炸東西。
〈八寸場〉
負責將以上個人完成的食物裝盛擺盤。

何謂「割主烹從」

「割」就是切，「烹」就是煮，日本料理將只要切好食材就能直接吃的生魚片「刺身」視為最優越的廚房工作，其他用火烹調的料理則必須配合生食。

花板也可稱為板長或立板。

法國料理的廚房組織

法語稱為「**Brigade de cuisine**」，有「料理軍團」的意思，是一種分工合作的組織制度。各部門分別設有部門主廚。

Chef de cuisine
（料理長）
Sous-chef de cuisine
（副料理長）
Saucier
（醬汁部門）
Rôtisseur
（肉類料理部門）
Poissonnier
（魚類料理部門）
Pâtissier
（甜點部門）

在更大的廚房裡，還有專門負責炸東西、做前菜或湯及冷菜的人等，分得更細。

主廚是統帥所有廚師的最高負責人。

由十九世紀末的偉大主廚奧古斯特·埃斯科菲耶創立的組織。

1-7
發酵
鮪子，午安——
喵…
今天是煮魚？嘖——
好好喔，我也想養貓。
好可愛…
學，你們家不能養貓吧？
你媽對貓過敏
對啊，然後我爸怕狗。
不然，你們試著養麴菌好了？
麴菌！製作日本酒、味噌和醬油等發酵食品時使用的微生物對吧？
酒
麴菌這種東西又看不到…哪裡可愛了……
碎碎唸
發酵
腐壞
沒錯。人類把對自己有好處的微生物活動稱為「發酵」。
同樣是微生物的活動，可是只要對人類而言沒有好處，就說那是「腐壞」。
麴菌原本其實是可能產生劇毒性的野生菌種「黃麴毒素」。

經過幾百年，才產生出現在的麴菌「米麴菌」。
家畜化的過程
野狼
啊嗚
混蛋，咬你喔！
選擇親人又忠心的個體
狗
汪汪！別過來 我會看家的！
壞人
黃麴毒素
我可是致癌物！
數百年
選擇品質優良的好菌
米麴菌
全力發酵！
室町時代已經有很多名為「萌屋」的種麴屋培養優良麴菌販售。這樣就能製作更多麴菌。
萌屋？
用家畜化來比喻微生物的演化！
大概是用「草木萌芽」的情形來比喻麴菌孢子生長的樣子吧。
不過，肉眼看不到的微生物，要怎麼樣培育呢？
看到了 看到了
以前的人，發現只要使用木灰就能達到麴菌的純粹培養。
以前的人好厲害喔
在發黴的蒸米上
蓋上木灰
如此一來蒸米會變成鹼性，
長大長大
只有耐鹼性的麴菌能存活下來。
……總覺得知道了這些之後麴菌好像變可愛了。
取個名字飼養起來吧
叫阿麴如何？
請多指教
什麼阿麴…
太好了呢

1-7 發酵

日本料理檯面下的實力派：「麴菌」

從發霉的米飯黴菌中誕生的麴菌

醬油、味噌、味醂、醋等調味料，都是使用麴菌發酵的食品。麴菌可說默默撐起了日本料理的一片天。這次，就把聚光燈打在麴菌身上，好好了解一下這個檯面下的低調實力派吧。

麴菌是黴菌的一種，麴菌在穀物上長出來的東西就是「麴」。麴菌的種類也有許多種，而這裡說的是學名**Aspergillus oryzae**（日文名黃麴菌，又稱日本麴黴）的米麴菌。

日本人從何時開始使用麴菌已經無法確定，只知道最早出現關於麴菌記述的書，是奈良時代初期的《播磨國風土記*》。其中有一段描述，意思是「原本供奉給神明的蒸米不小心沾濕發黴，用發了黴的米來釀酒，舉行酒宴獻給神明」。

發黴的蒸米上產生的黴菌正是麴菌。由此可知，這時的日本人已經懂得用發黴的

＊西元715年編纂，日本最古老的風土誌。其中提到將米泡在兵庫縣宍粟市的庭田神社（古時候叫庭酒神社）後方河流「溫川」之時，米發了黴，發黴的米卻釀出美味的酒。

圖1 麴菌的增殖方法

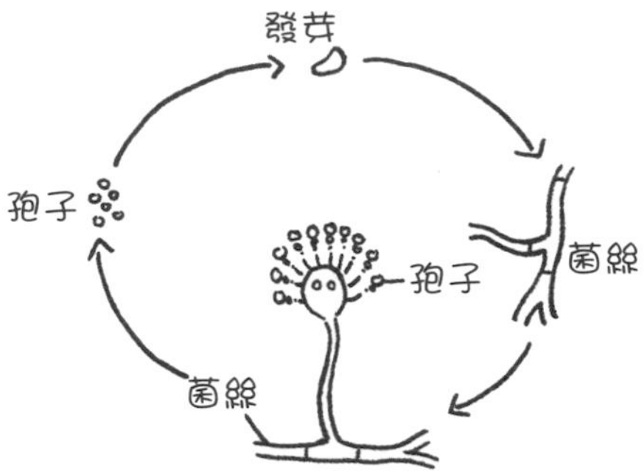
發芽
孢子
孢子
菌絲
菌絲

以植物來說，孢子就相當於種子。

圖2 種麴的製作方法（自古以來的方法）

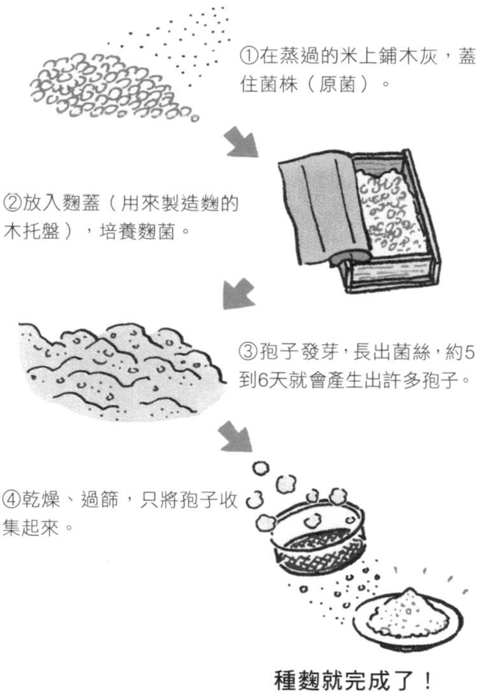
①在蒸過的米上鋪木灰，蓋住菌株（原菌）。
②放入麴蓋（用來製造麴的木托盤），培養麴菌。
③孢子發芽，長出菌絲，約5到6天就會產生出許多孢子。
④乾燥、過篩，只將孢子收集起來。
種麴就完成了！

何謂種麴

種麴就是麴菌的孢子。一般來說，指的是以販售為目的生產來釀造用的麴菌孢子。

都是綠色的粉末！真的很有草木「萌芽」的感覺。

現在也有很多不使用木灰，改在無菌室內製造種麴的種麴屋。

米飯來釀酒了。賣酒的人想要穩定製造美味的酒，為了因應這樣的需求，麴菌也不斷改良變化。

現在，多數釀酒廠使用「種麴」（圖2）釀造日本酒（第九十頁圖5）。種麴誕生前採用過一種名為「友種法」的方式，保留從自然產生的黴菌中順利長出的麴，以此當菌種來源培養下一批麴的方法。然而，友種法做出的麴品質不穩定，經常因為混入細菌，導致培養失敗。這時想出的方法就是使用種麴。

種麴製作技術的關鍵，在於蒸米上覆蓋鹼性木灰的步驟。因為加上木灰後，其他不耐鹼性的菌死掉，只有耐強鹼的麴菌存活。如此一來，就能達到麴菌的純粹培養。這和製作發酵食品不同，可說是以人類的力量控制微生物的劃時代發明。室町時代開始出現以製作種麴販售維生的「種麴屋*」，距今六百年前的日本，誕生了當時世界上獨一無二的生物技術商業，培育出麴菌這個日本才有的菌種。

日本發酵食品分成黴菌與酵母兩大派

促進發酵的三大微生物分別是黴菌、酵母與細菌。麴菌就是一種名為米麴菌的黴菌，而說到酵母，又可分為麵包酵母、葡萄酒酵母等，細菌則以乳酸菌最為耳熟能詳。黴菌在三者當中體積最大，作用也最複雜。細菌形體小，作用單純，酵母則居中（圖3）。

＊室町時代，原本販賣麴的「麴屋」中，開始有些專賣種麴的「種麴屋」出現在京都與現在愛知縣一帶。明治時代之前，麴與種麴的販售還是以麴屋為主。現在則除了少數醬油大廠外，日本酒、味噌或醬油的製造商都使用種麴屋製造的種麴。目前全日本只有不到10家的種麴屋。

圖3 比較黴菌、酵母與細菌的大小

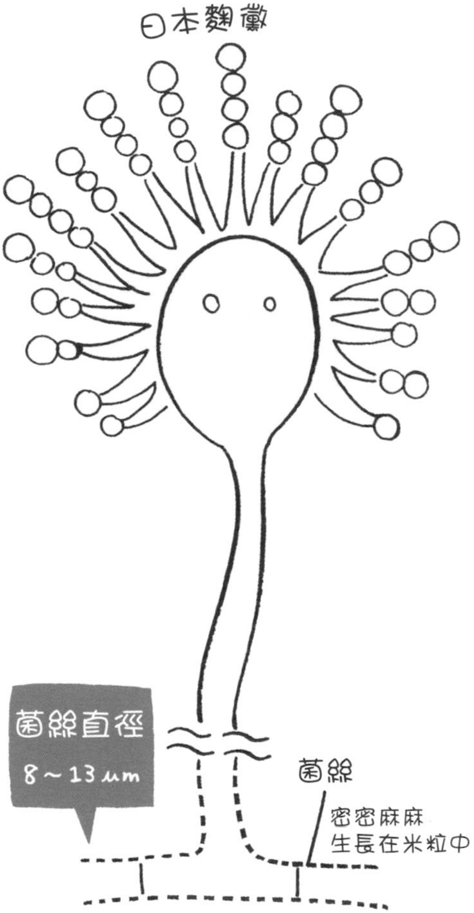
日本麴黴
菌絲直徑
8～13 um
菌絲
密密麻麻
生長在米粒中

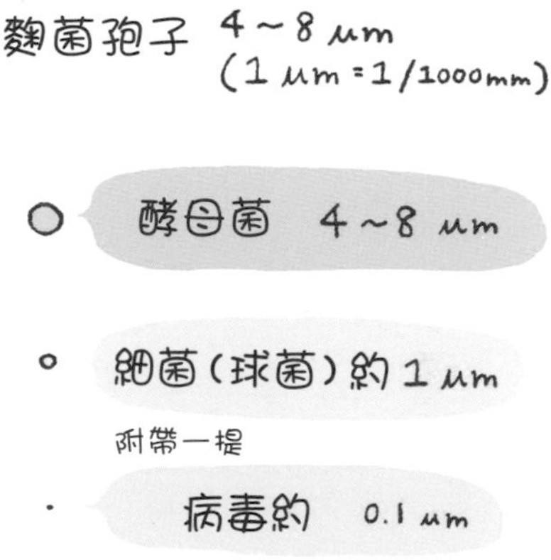
麴菌孢子 4～8 um
(1 um = 1/1000mm)
酵母菌 4～8 um
細菌(球菌)約 1 um
附帶一提
病毒約 0.1 um

黴菌好大喔！

麴菌是日本的國菌

2006年，日本釀造學會正式認證麴菌為日本「國菌」。在那前一年，產業技術綜合研究所等單位[*1]解讀了麴菌所有基因體，宣佈麴菌擁有1萬2千個基因[*2]。經過科學證實麴菌擁有許多與蛋白質、碳水化合物及脂肪的合成・分解相關的基因，具備極高的發酵能力。

＊1 組成麴菌基因體解析聯盟，與獨立行政法人製品評價技術基盤機構進行共同研究。

＊2 2005年發表於Nature的官方網站。

圖5 日本酒（原酒）的釀造程序

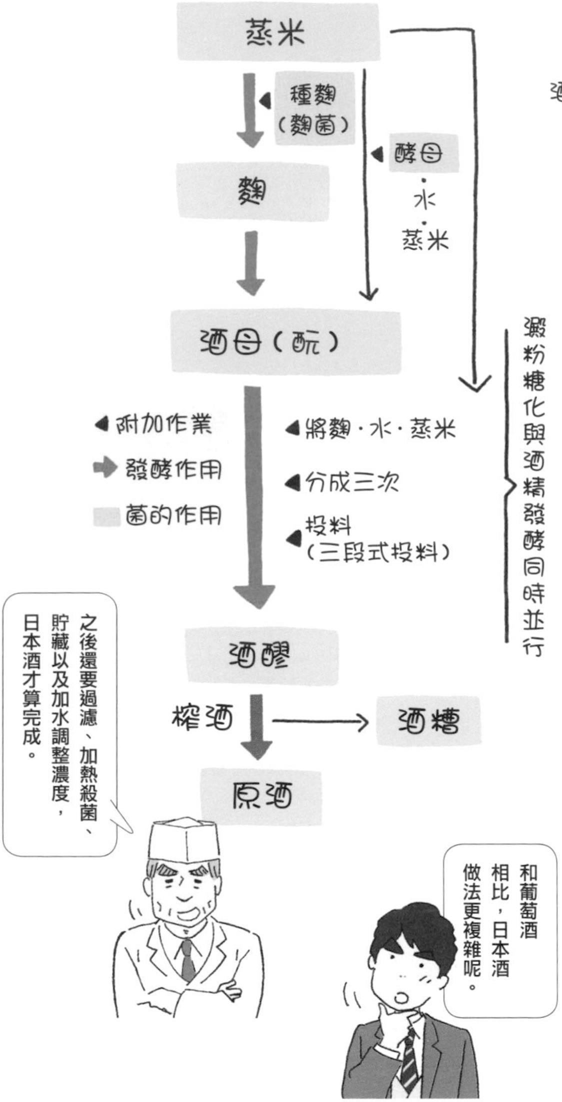
蒸米
種麴
（麴菌）
酵母
·
水
·
蒸米
麴
酒母（酛）
澱粉糖化與酒精發酵同時並行
◀附加作業
➡發酵作用
菌的作用
◀將麴·水·蒸米
◀分成三次
◀投料
（三段式投料）
酒醪
榨酒
酒糟
原酒
之後還要過濾、加熱殺菌、貯藏以及加水調整濃度，日本酒才算完成。
和葡萄酒相比，日本酒做法更複雜呢。

圖4 葡萄酒的釀造程序

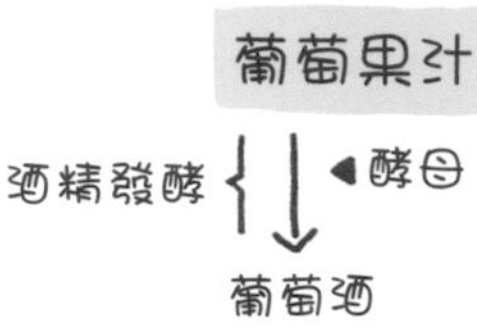
葡萄果汁
酒精發酵
◀酵母
葡萄酒

圖5-2 在麴菌的作用下糖化

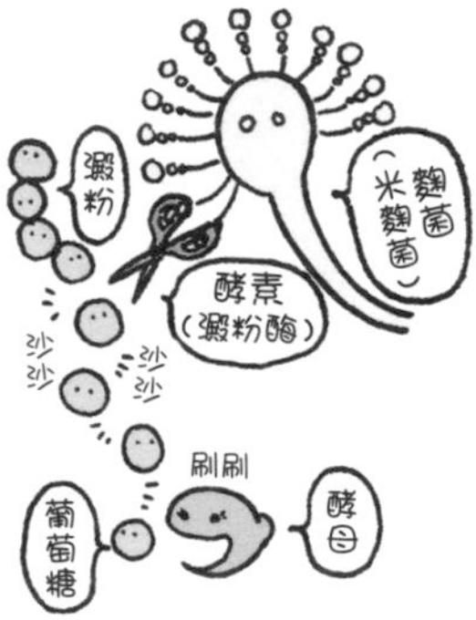
澱粉
（米麴菌）
酵素
（澱粉酶）
沙沙
沙沙
刷刷
葡萄糖
酵母

麴菌酵素「澱粉酶」能將米澱粉分解成葡萄糖。

日本酒的釀造機制是「澱粉糖化」與「酒精發酵」並行的「並行複發酵」。

〈糖化〉

麴菌酵素將米澱粉分解為葡萄糖的反應。

〈酒精發酵〉

酵母將葡萄糖分解為酒精與二氧化碳的反應。

接下來，讓我們以釀造日本酒為例，看看微生物是如何發揮作用的吧。

酒是糖發酵為酒精後釀造而成。自然界中最容易獲得糖的食材是水果，也就是果實內含的糖分。當然，世界上最早誕生的酒正是水果酒。其中最具代表性的葡萄酒，距今八千年前人類就已經開始飲用了。葡萄酒的做法是在葡萄果汁裡加入酵母，促使酒精發酵（圖4）。

日本酒以米為原料，釀造程序比葡萄酒更為複雜，在麴菌與酵母的兩種發酵作用下製造而成。首先，在蒸過的米上撒麴菌，等麴生長出來後，麴菌的菌絲不斷延伸，將米的主成份澱粉分解為糖（澱粉糖化）。如此借助黴菌力量發酵而成的糖，再透過酵母的力量分解為酒精和二氧化碳（酒精發酵），這才完成了日本酒。為什麼需要糖化的過程呢？這是因為白米中含有的澱粉由好幾千個葡萄糖組成，和葡萄糖相比體積太大，光靠酵母無法分解。因此，必須先用分解力高的麴菌將澱粉轉換為葡萄糖，酵母才派得上用場（圖5-2）。

雖說發酵的主體是黴菌或酵母等微生物，實際上發揮作用的是它們分泌的「酵素*」。或許可以將黴菌和酵母等微生物比喻為木工，酵素則是木工使用的工具。發酵就是微生物拿自己持有的酵素來分解有機物，使其產生變化。其中尤以麴菌更被稱為「酵素的寶庫」，能分泌大量酵素。以下就為大家介紹最具代表性的兩種酵素。一種是將澱粉分解為糖的「澱粉酶」，在這種酵素作用下產生的是「甜味」。

*酵素指的是從引發特定化學作用的蛋白質中誕生的東西。發酵也可以說是微生物以自身擁有的酵素分解有機物，從中得到能量的現象。

另外一種是將蛋白質分解為胺基酸的「蛋白酶」，這種酵素能促進「鮮味」（請參照第九八到一〇五頁）的產生。

味噌與醬油的誕生

隨著釀酒工業的發展而不斷變化的麴菌，之後又催生了味噌與醬油。味噌和醬油的共通根源都是從中國傳到日本的鹽漬發酵食品「醬[*1]」。平安時代的《延喜式》中，與「醬」同時出現的還有「未醬」的敘述，一般認為這就是味噌的起源。「尚未成為醬」所以稱為「未醬」，後來訛傳為「味噌[*2]」。

味噌原本是製作「醬」時得到的副產品，慢慢地，日本人也開始製造「味噌」，「金山寺味噌[*3]」就此普及。金山寺味噌的由來，是鎌倉時代日本禪僧心地覺心在中國（宋代）徑山寺修行時學到的味噌製法。回到日本後，他又將這套方法傳授給紀州、湯淺一帶的人們。金山寺味噌桶底經常有分離出來的液體，人們嚐了這液體的味道，發現非常美味，於是開始利用同樣的方法生產，這就是日本最早的醬油。

到了十七世紀，荷蘭商人把醬油帶到歐洲，受到歐洲民眾的歡迎。一七六五年在法國編纂的《百科全書》裡就收錄了「醬油」這個條目，大力稱讚這是能提昇肉類料理風味，又能長期保存，只要少量即可營造深奧滋味的醬料。現在，全世界幾乎沒有哪個餐廳的廚房不放瓶醬油，醬油已經成為國際性的調味料了。

＊1 醬：中國早在周朝（紀元前11世紀左右）已有「醬」的存在。當時的醬，多是以鳥獸魚肉作為原料的鹽漬品。到了前漢時期（紀元前2世紀）才出現用大豆做成的醬。

＊2 未醬（みしょう，mishou）在日文中的發音與味噌（みそ，miso）相近。

＊3 金山寺味噌：和歌山縣、千葉縣及靜岡縣等地方的知名特產，「嘗味噌」的一種。嘗味噌不是調味料，通常拿來當白飯配菜或當下酒小菜直接吃。

圖7　醬油的製造程序（以本釀造為例）

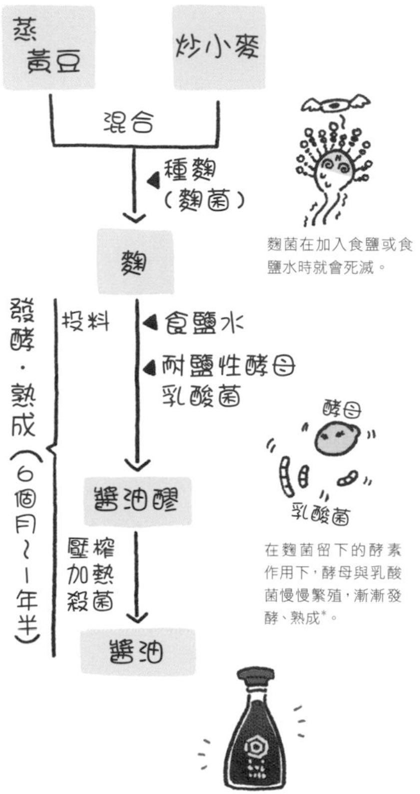

蒸黃豆
炒小麥
混合
種麴（麴菌）
麴
麴菌在加入食鹽或食鹽水時就會死滅。
發酵・熟成（6個月～1年半）
投料
食鹽水
耐鹽性酵母
乳酸菌
酵母
乳酸菌
醬油醪
壓榨
加熱
殺菌
醬油
在麴菌留下的酵素作用下，酵母與乳酸菌慢慢繁殖，漸漸發酵、熟成*。

圖6　味噌的製造程序

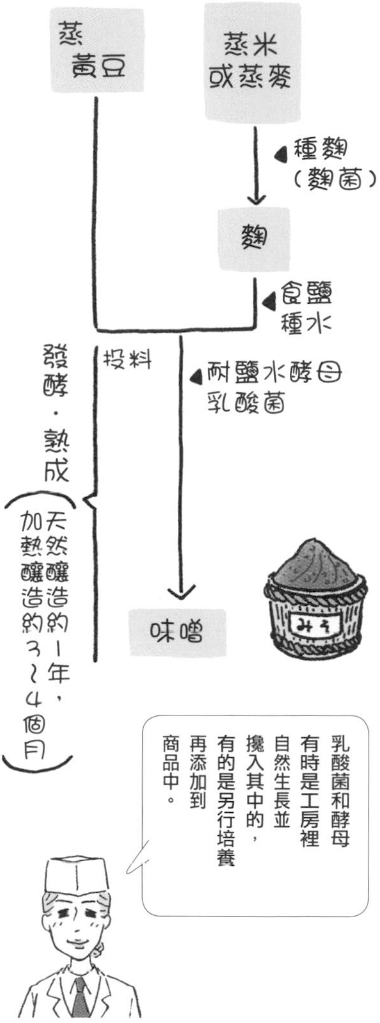

蒸黃豆
蒸米或蒸麥
種麴（麴菌）
麴
食鹽
種水
發酵・熟成（天然釀造約1年，加熱釀造約3～4個月）
投料
耐鹽水酵母
乳酸菌
味噌
みそ
乳酸菌和酵母有時是工房裡自然生長並攙入其中的，有的是另行培養再添加到商品中。

適合釀造味噌、適合釀造醬油的種麴

將澱粉轉變為糖的酵素「澱粉酶」，以及將大豆蛋白質分解為酵素的「蛋白酶」，製造味噌時需要包含這種兩酵素的種麴。而醬油因為不太需要甜味，更適合強化「蛋白酶」的種麴。

＊熟成：熟成指的是食材本身擁有的酵素發揮作用，隨著時間慢慢改變味道的過程。和發酵不同，並非出於微生物的作用。

廣受世界矚目！運用發酵的烹調方式

讓食物發酵，有幾個好處。①提高保存期限，②提昇營養價值，③創造新的味道和香氣，④有助消化。於世界各地生根的各式各樣發酵食物，最早都以①為目的（請參照第九十六到九十七頁）。

發酵原本是傳統的食品加工方式，近年也被視為改變食材本身風味的劃時代加工法，廣受世界矚目。

發酵受矚目的開端，是丹麥哥本哈根一間名為「**noma***」的餐廳引進了發酵作為烹調方式。**noma**致力於使用當地食材追求前所未有的口味，就在這過程當中注意到發酵。他們將發酵視為一種烹調手法，在自家發酵研究室裡發酵食材，創造

《廣益國產考》（國立國會圖書館數位典藏）

1859（安政6）年刊行的農學書籍，裡面描繪著農村的人們製作醬油的情形。右上的男人正在搓揉炒過的黃豆和蒸過的小麥上長出的麴。

＊ noma：2003年設立，於2010、2011、2012、2014年皆獲得「全球最佳餐廳」稱號。由雷勒德澤皮（René Redzepi）擔任主廚。

出過去從來沒有的味道（請參照第一〇七頁）。

二〇一六年以來，歐美有愈來愈多餐廳引進發酵，現在還有不少廚師會專程前往日本採購種麴。

在日本，二〇一〇年前後掀起鹽麴風潮時，發酵食物重新獲得注目。日本是世界上第一個透過發酵創造出「鮮味*」的國家。

日本全國各地都有運用當地微生物力量，孕育而出的各種發酵食品。只要理解這些發酵食品，想必就能更加豐富我們的飲食文化。

圖8　微生物發酵食品分類圖

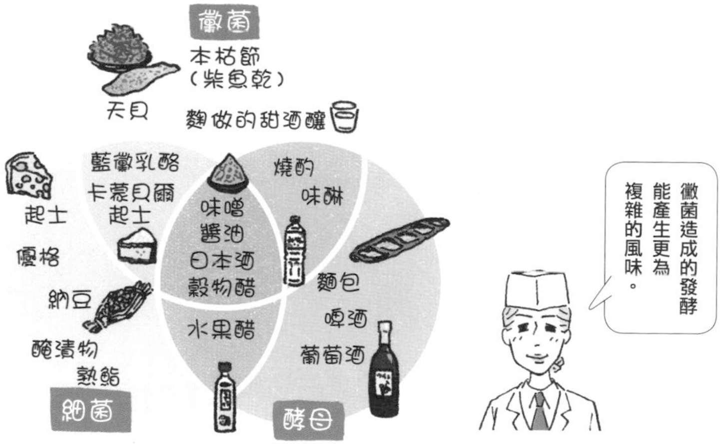
黴菌
本枯節
（柴魚乾）
天貝
麴做的甜酒釀
藍黴乳酪
卡蒙貝爾
起士
起士
優格
納豆
醃漬物
熟鮨
細菌
燒酎
味醂
味噌
醬油
日本酒
穀物醋
麵包
啤酒
葡萄酒
水果醋
酵母
黴菌造成的發酵能產生更為複雜的風味。

＊ 請參照P.98~P.107的鮮味章節。

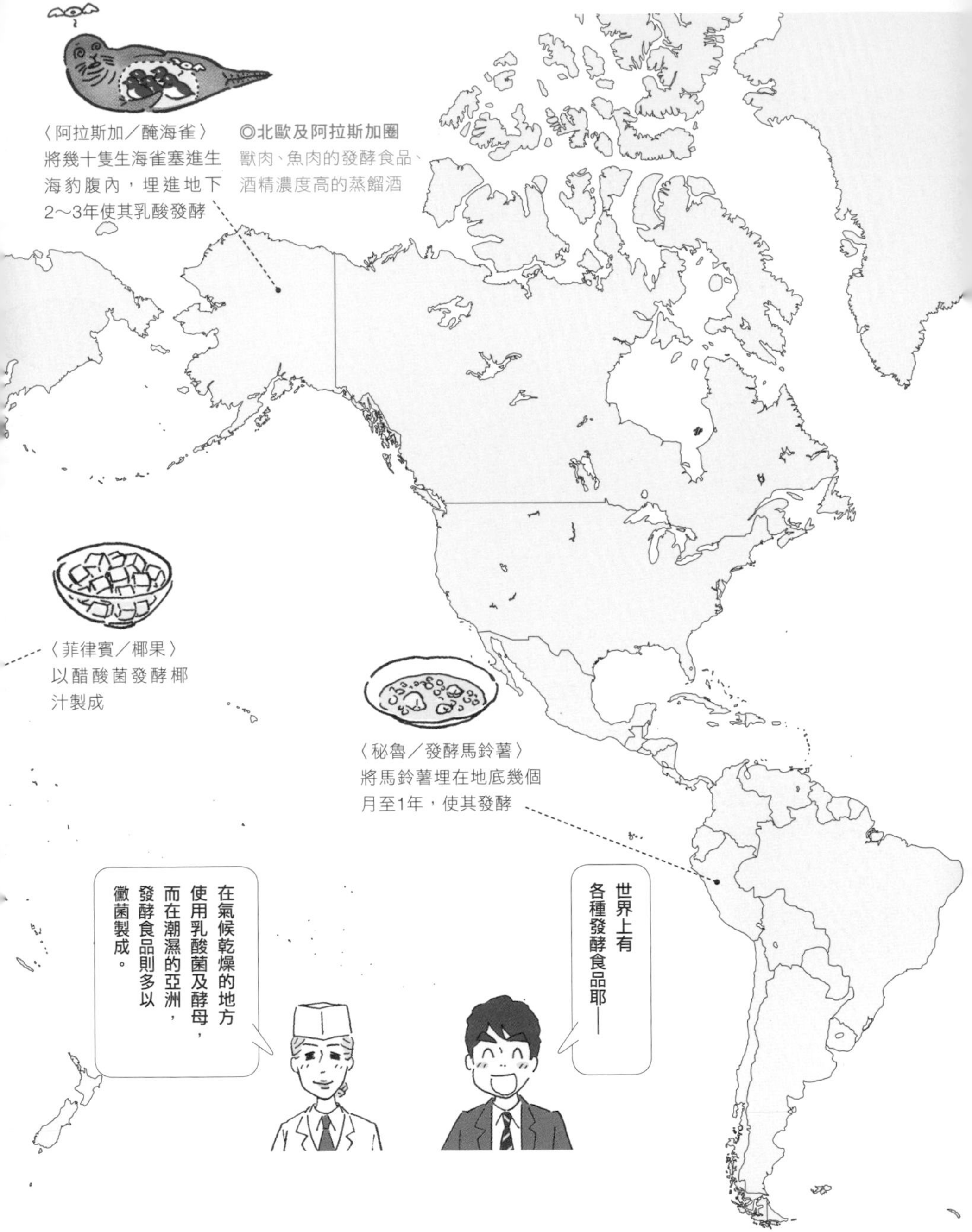
〈阿拉斯加／醃海雀〉
將幾十隻生海雀塞進生海豹腹內，埋進地下2～3年使其乳酸發酵
◎北歐及阿拉斯加圈
獸肉、魚肉的發酵食品、酒精濃度高的蒸餾酒
〈菲律賓／椰果〉
以醋酸菌發酵椰汁製成
〈秘魯／發酵馬鈴薯〉
將馬鈴薯埋在地底幾個月至1年，使其發酵
世界上有各種發酵食品耶——
在氣候乾燥的地方使用乳酸菌及酵母，而在潮濕的亞洲，發酵食品則多以黴菌製成。

廣角觀點 7

海外的發酵食品地圖

〈瑞典／瑞典鹽醃鯡魚〉
將鹽漬鯡魚放在罐頭內使其透過乳酸發酵
〈中國／筍乾〉
乳酸發酵過的竹筍
〈韓國／泡菜〉
在鹽漬蔬菜中加辛香佐料醃漬，使其乳酸發酵
◎歐洲圈
麵包、起士、酸黃瓜，以及啤酒等小麥發酵酒與水果酒
〈土耳其／優格〉
乳酸發酵（據說土耳其是優格的發祥地）
◎季風亞洲圈
魚露、鹽漬內臟、黃豆發酵食品、醃漬物、穀物酒
〈德國／德式酸菜〉
鹽漬高麗菜絲使其透過乳酸發酵
◎中近東圈
麵包、優格、發酵乳、發酵茶
〈法國／藍黴乳酪〉
以乳酸菌加藍黴菌的力量發酵
〈泰國／魚露〉
魚醬
〈印尼／天貝〉
以天貝菌（一種根霉真菌）令黃豆發酵製成
〈澳洲／維吉麥〉
使用釀造啤酒時的副產物酵母做成的抹醬
〈衣索比亞／因傑拉（發酵麵餅）〉
名為「苔麩」的穀物發酵後桿成薄餅狀烤成

1-8
鮮味
這是京都的伴手禮，送給兩位。
是什麼？八橋嗎？
京都土產
京之湯葉
湯葉*……好酷…
很有艾瑪的風格就是了…
我一去京都就完全迷上豆腐類的食物了。
*第一層豆漿凝結而成的豆皮。
尤其是湯豆腐，美味令人感動。
只有豆腐和昆布高湯，為什麼能煮出如此深奧繁複的滋味呢。
陶醉——…
那就是昆布的「鮮味」吧。事實上那是…
麩胺酸對吧？
啪！
快問快答
乒乒乒乒
20世紀初期前西方人認知中的基本味覺只有酸甜鹹苦這四種而已。
好甜！
甜味
好酸！
酸味
好苦——
苦味
好鹹！
鹹味
上次化學課有教到這個啦。
那嘿！
真有你的，高中生！
掌聲鼓勵

然而，明治41年出生於京都的池田菊苗博士發表了第五種基本味覺那就是「鮮味」。
好酸！
酸味
好甜！
甜味
好苦—
苦味
好鹹！
鹹味
好鮮！
鮮味
池田博士想不通湯豆腐為什麼這麼好吃，就開始研究昆布高湯。結果，他發現昆布高湯的主成份
也就是麩胺酸，並將這取名為「鮮味」。
我之前就感到很好奇了，國外的人為什麼也能理解「鮮味」呢？
這是當然啊！
法國的起士和生火腿裡也含有麩胺酸。
鮮味成份經過發酵或熟成還會不斷增加！
之後，以池田博士的研究成果為基礎，製造出世界上第一罐鮮味調味料——「味之素」。
味の素
欸——我以前都沒聽說！
好好學習喔，學！
料理和化學也有關係呢。
化學當然也得好好學習。
化学

1-8 鮮味

全世界都在關注的第五種基本味覺

日本科學家發現的「鮮味」

各位認為味覺到底有幾種呢?人類能感受到的基本味覺,有甜味、酸味、鹹味、苦味和鮮味五種。其中,世界上最早發現鮮味的人,是日本的物理化學家池田菊苗。池田一八六四(元治元)年出生於京都,帝國大學理科大學化學科(現在的東京大學理學部化學科)畢業後前往德國留學。回到日本的池田進入帝國大學擔任教授。在德國留學時,池田驚訝於德國人體格與營養狀態的優越,發願改善日本人營養不足的狀況,於一九〇七(明治四〇)年開始研究昆布味道的成份。池田讀了醫學博士三宅秀關於美味食物能促進消化的論文,認為只要分析昆布湯頭味道的成份,就能以工業方式生產出美味的調味料,改善日本人營養不足的問題。於是,在一九〇八年,成功從約三十八公斤的昆布熬汁中提取約三十公克的麩胺酸結晶。池田找出昆布美味的成份「麩胺酸鈉*」,並將此一呈味物質命名為「鮮味」。同年,

*麩胺酸本身的味道是酸味,不易溶於水。池田將麩胺酸溶解於水,再用氫氧化鈉中和為「麩胺酸鈉」,並從中發現了鮮味。

池田發明以麩胺酸鈉為主成份的調味料製造法，並取得專利。這項發明成為日本十大發明之一。

一九一三年，池田的學生小玉新太郎發現柴魚乾的鮮味成份是肌苷酸。一九五七年**YAMASA**醬油研究所（當時）的國中明也從香菇乾中發現鮮味成份鳥苷酸。同一時期，國中把鳥苷酸與麩胺酸鈉混合，發現鮮味大幅增加，從中找到「鮮味的相乘效果」。

儘管一九〇八年就已經發現了鮮味，歐美學者仍對鮮味的存在抱持懷疑，因為他們認為，鮮味是甜味、鹹味、苦味與酸味的綜合感受。一直要到二〇〇二年，邁阿密大學的研究小組證明了舌頭味蕾（圖**1**）上的某個味覺細胞有能感覺麩胺酸鈉的受體。至此，國際上才終於承認鮮味的

圖1　感知鮮味的機制

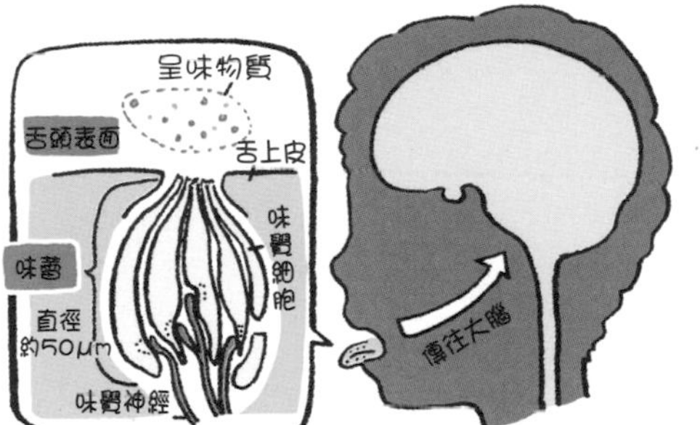

舌上皮的「味蕾」有50～150個味覺細胞，其中就有鮮味的受體。鮮味的受體接收溶於唾液或水中的鮮味，將鮮味訊號傳送到味覺神經，再由味覺神經傳遞到大腦，使大腦感知鮮味。

依照味蕾的不同，味覺細胞可分類為I到IV型。已知II型細胞是接收鮮味、甜味與苦味的細胞， III型細胞是接收酸味的味覺細胞。

（2019年九州大學發現傳遞脂肪味的味覺神經，2020年京都府立醫科大學發表了鹹味的接收機制。）

表1 食品中的鮮味成份含量（mg/100g）

食材		麩胺酸	肌苷酸	鳥苷酸
蔬菜、菌菇	真昆布	1610～3200		
	海苔	550～1350	1～40	3～80
	番茄	150～250		
	乾香菇	1060		150
	金針菇	90		50（加熱時）
魚蝦、海鮮製品	小魚乾	40～50	350～800	
	柴魚乾	30～40	470～700	
	虎蝦	120	90	
	鮪魚	1～10	250～360	
	牡蠣	40～150	20	
	鯷魚	630		
	鹽漬花枝	620		
肉類、乳製品	豬肉	10	230	
	雞肉	20～50	150～230	
	牛肉	10	80	
	生火腿	340		
	帕馬森起士	1200～1680		
發酵食品	納豆	140		
	魚露	950		
	醬油	400～1700		
	味噌	200～700		
	韓國泡菜	240		

（引用自：鮮味資訊中心官方網站）

將胺基酸系統與
核酸系統的鮮味
搭在一起，
還能產生
美味相乘的效果。

鮮味成份可大分為2種系統

〈胺基酸系統〉

胺基酸是構成蛋白質的最小單位。蛋白質本身雖然沒有味道，分解為胺基酸後會產生鮮味和甜味。麩胺酸就是屬於胺基酸系統的鮮味成份。

〈核酸系統〉

核酸是生出新細胞時必須的物質，可分成DNA與RNA。由磷酸、鹽基及糖形成的物質「核苷酸」組成。肌苷酸和鳥苷酸就屬於核酸系統的鮮味成份。

肌苷酸多含於動物性食材，鳥苷酸則多半在菌菇類食材中。

存在。食品成份的分析研究不斷進化，現在也已確定鮮味不只存在部分食材，海鮮、肉、蔬菜和發酵食品等也普遍含有鮮味（表1）。

為何鮮味會令人感覺美味

鮮味究竟是什麼，讓我們從味覺層面來探討看看吧。只要嚐到鮮味，嬰兒就會露出安心的表情。從表情可以看出，嬰兒一方面喜歡甜味和淡淡的鹹味，一方面則厭惡且拒絕苦味及酸味*。就嬰兒的反應看來，人類天生喜歡鮮味、甘味和鹽味。

基本味覺各自有其生理上的意義。人體對味道起反應，藉以識別這是自己能吃或不能吃的東西，這種感覺就是味覺。甜味擁有的營養素正是糖分，糖分又是熱量的來源，甜味傳遞的或許可說是「這裡有熱

圖2　母乳與昆布高湯的麩胺酸含有量

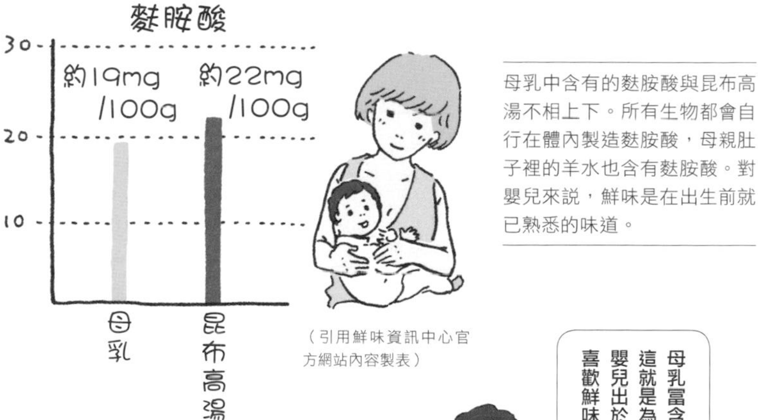

麩胺酸
30
20
10
約19mg /100g
約22mg /100g
母乳
昆布高湯
母乳中含有的麩胺酸與昆布高湯不相上下。所有生物都會自行在體內製造麩胺酸，母親肚子裡的羊水也含有麩胺酸。對嬰兒來說，鮮味是在出生前就已熟悉的味道。

（引用鮮味資訊中心官方網站內容製表）

母乳富含麩胺酸。這就是為何嬰兒出於本能喜歡鮮味！

＊引用自鮮味資訊中心官方網站

表2 美味的要素

要素	感覺	
甜味	基本味覺	廣義味覺
鹹味	基本味覺	廣義味覺
酸味	基本味覺	廣義味覺
苦味	基本味覺	廣義味覺
鮮味	基本味覺	廣義味覺
辣味		廣義味覺
澀味		廣義味覺
脂肪		廣義味覺
香氣	嗅覺	
咀嚼時的口感、舌頭觸感	觸覺	
溫度	溫度感覺	
顏色、光澤	視覺	
形狀	視覺	
聲音（咀嚼音）	聽覺	
外部環境（氣氛、氣溫、濕度等）		
過往飲食體驗（飲食習慣、食物中毒、飲食文化等）		
身體內部環境（健康狀態、心理狀態等）		

（以上內容根據《鮮味是什麼》栗原堅三著）

基本味覺在生理上的意義

- 甜味傳遞糖分（能量）的訊號
- 鹹味傳遞礦物質的訊號
- 酸味傳遞食物腐壞的訊號
- 苦味傳遞毒物的訊號
- 鮮味傳遞蛋白質的訊號

基本味覺由味蕾的
味覺細胞上的受體感知，
辣味和苦味則是痛覺神經
受到刺激時的感覺。

辣味和苦味
竟然是一種痛覺！
必須綜合各種要素，
才會感覺美味呢。

脂肪使人期待高熱量，
令舌頭產生興奮感。
目前正將它視為第六種基本味覺
進行研究當中。

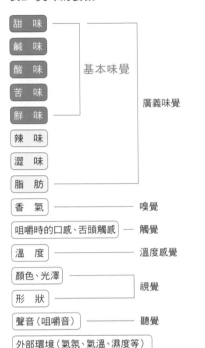

量存在」的訊號。鹽味傳遞的訊號則是維持生命不可或缺的礦物質。相對於甜味與鹹味，苦味有傳遞毒物警訊的意義，酸味則有提高對腐壞食物警戒的意義。那麼，鮮味的意義又是什麼呢。鮮味傳遞的訊號是蛋白質，蛋白質是組成身體部位的重要營養素，因此，鮮味是人類本能追求的味道，鮮味會令人感到美味，也是天經地義的事。

蛋白質是由胺基酸組成的巨大分子。蛋白質本身沒有味道，分解後成為胺基酸的大小，舌頭的味覺探測器才探測得到味道，進而嚐出鮮味。因此，鮮味也可說是辨識胺基酸的信號。

不需油脂也能產生美味的鮮味潛能

從前面提到的「發酵」（第八十四到九十七頁）看下來，透過運用麴菌製造發酵食品的演進過程，若換個角度看，也可說是一段如何想方設法獲得鮮味的歷史。為什麼日本人這麼重視鮮味呢？對有很長一段時間迴避吃肉食的日本人來說，飲食中一直缺乏動物性蛋白質和油脂。那麼，要怎麼不依賴動物性蛋白質和油脂，又能吃得美味，靠的就是對鮮味的追求了。

傳統日本料理以魚和蔬菜為中心，因此會將味道的主軸放在鮮味上。相較之下，歐美及世界其他地方，幾乎都認為肉食或油脂豐富、使用許多辛香料的料理才是美食。一直到一九六〇年代之前，日本料理在世界上還被視為某種特殊料理，不過，一九七〇年代美國掀起壽司風潮（請參照第一四一頁），人們開始追求健康的飲食，日本料理在世界上的評價就提高了。其中尤以這十年來對「鮮味」的看法，產生了極大的改變。除了美味之外，即使站在健康的觀點，鮮味今後必定也將愈來愈受矚目。

日式高湯的美味幾乎只由鮮味成份組成。能引出食材美味的湯頭可說是日本料理的真髓。
最近西洋料理在使用油脂時，也會以活用食材鮮味為前提。
每次喝高湯，都會有種放鬆的心情。

廣角觀點 8

遍及全世界的「UMAMI」

世界各地主廚都在追求屬於自己的鮮味

鮮味的日文發音「UMAMI」已經成為世界共通的語言。國際上對「UMAMI」的存在已有一定程度的認識，歐美各國也紛紛出現使用當地鮮味食材創造的美食。

世界頂尖餐廳的發酵食品

丹麥餐廳「noma」（請參照P.94）使用在地食材進行發酵，引出鮮味，創造出獨家發酵食品。例如用熟成的鹿腿肉做成類似柴魚乾的鹿肉乾，或用豌豆做出豆味噌「peaso」，以及用麴菌發酵牛肉做成的食品等等。

超市裡販售的UMAMI調味料

英國及美國的大型超市或調味料品牌，都有推出原創UMAMI調味料。

歐美的UMAMI調味料
原料大多使用番茄。

來自LA的「UMAMI BURGER」

2009年在美國洛杉磯開設第一家店，2017年進軍日本的漢堡連鎖餐廳「UMAMI BURGER」。包括以昆布、乾香菇和柴魚乾等食材磨成的「UMAMI粉」和以醬油為基礎的「UMAMI大師醬」，打造充滿鮮味的漢堡。

配料還有烤過的
番茄和香菇。
滿滿的鮮味！

預防醫學領域也對鮮味有所期待

已有研究結果指出，強調鮮味的食物就算脂肪、糖分及鹽分較低，大腦一樣能獲得滿足感，具有抑制食慾的效果。鮮味能發揮預防肥胖及成人慢性病的作用，在健康層面的效果值得期待。

Column

海外也通用的「飲食」相關日語

日本料理在世界上廣受歡迎，現在，直接用日語發音也能在國外溝通無礙的料理或食材愈來愈多。

其中之一就是bento＝便當。海外也有攜帶型的食物，但是將各種色彩繽紛的食物裝在小盒子裡的便當卻是日本獨特的食文化。據說便當盒首次出現於安土桃山時代，當時上流階級人士流行在賞花或賞紅葉時帶上手提式的重箱便當。江戶時代，利用看戲休息時間吃的「幕之內」便當登場。明治時代鐵路開通，興起一股車站便當與火車便當的熱潮。近年來流行手作便當，尤以「卡通造型便當」最是蔚為話題，甚至引起海外媒體注目。

在國外也能通的日語

料理類	sushi	壽司（すし）
	sashimi	生魚片（刺身）
	sukiyaki	壽喜燒（すきやき）
	tempura	天婦羅（天ぷら）
	yakitori	雞肉串燒（焼き鳥）
	takoyaki	章魚燒（たこ焼き）
	tonkatsu	炸豬排（とんかつ）
	teriyaki	照燒（照り焼き）
	ramen	拉麵（ラーメン）
	udon	烏龍麵（うどん）
	bento	便當（弁当）
食材類	daikon	白蘿蔔（大根）
	edamame	毛豆（枝豆）
	tofu	豆腐（豆腐）
	miso	味噌（味噌）
	natto	納豆（納豆）
	wasabi	山葵（わさび）
	konbu	昆布（昆布）
	nori	海苔（海苔）
	dashi	高湯（だし）
	mirin	味醂（みりん）

用食材拼湊出人類、動物或卡通人物、風景等造型的「造型便當」（卡通人物造型便當的簡稱）。近年因為社群網路的普及，造型便當也紅到了世界各地。

第二章

日本的饗應料理與壽司的歷史

大饗料理／精進料理／本膳料理

懷石料理／會席料理／壽司

映画
忠臣蔵
是忠臣藏！
客人送的電影票。機會難得，你們就去看看吧。
謝謝師父！
咦？為什麼淺野內匠頭要斬殺吉良上野介啊？
雖然知道後來家臣為了這件事展開復仇……
有一個說法是淺野請熟悉禮儀規範的吉良教他接待特使的禮節與規矩，可是……
天皇
幕府
任命接待特使
特使
向他請教禮儀規範
接待
淺野內匠頭
吉良上野介
沒想到端饗應料理*給特使時出了某種差錯，感到丟臉的淺野一氣之下就斬殺了吉良……
你給我的建議是不是不夠充分？
吉良上野介
淺野內匠頭
不可原諒！我要殺了你！
*饗應在日語中有設宴款待的意思。
欸？原因竟然出在端出料理的方式……？
怎麼這樣……
嚇壞
由此可見當時的本膳料理形式實在太過複雜。
為了不受限於過度複雜的形式，好好享受料理，江戶時代才會誕生了會席料理。
讓我們一起來回顧日本料理的歷史吧！

日本料理的饗應料理樣式變遷　略年表

大饗料理

平安時代

官員貴族之間盛行舉辦饗宴，提供大饗料理。《延喜式》（完成於927年）中有關於「未醬」的記述。

鎌倉時代

（1185～1333年）

本膳料理

室町時代

（1336年～1573年）

制定了本膳料理的形式

安土桃山時代

（1573～1603年）

江戶時代

（1603～1868年）

會席料理

1717年

「八百善」在江戶創立

精進料理

1244年

道元禪師創建永平寺

根據《典座教訓》，以體系化的方式整合了精進料理

1254年

覺心禪師從中國徑山寺帶回味噌的製作方法

精進料理受到海外許多蔬食主義者的矚目。

1654年

隱元禪師從中國回到日本，推廣了普茶料理

懷石料理（茶懷石）

815年

從唐代中國回到日本的永忠，向嵯峨天皇進獻團茶（將蒸過的茶葉放在臼中搗成的茶餅）

1191年

榮西從南宋將抹茶傳回日本

村田珠光（1422～1502年）

開創「侘茶」

武野紹鷗（1502～1555年）

追求侘茶的理想境界

千利休（1522～1591年）

探究侘茶的禮儀規範，整合為茶懷石的禮法

1587年

豐臣秀吉於京都北野神社舉辦大茶會。由豐臣與千利休等人擔任亭主

日本料理的形式以本膳料理為正統，受到精進料理及懷石料理的影響，成為現在的會席料理。

平安時代

（794～1185年）

大饗料理

貴族們的饗宴料理

廚房？
配菜？
這些名稱都來自平安時代的大饗料理。
為什麼配菜叫做「御數*」？
為什麼廚房叫做「台所*」？

＊廚房：日語漢字寫為「台所」。
＊配菜：日語漢字寫為「御數」。

受到中國影響，講求視覺享受的料理

日本料理中形式最古老的，是誕生於平安時代的「大饗料理」。大饗就是盛宴的意思，大饗料理是平安時代掌握最高政治實權的藤原氏招待高階貴族、天皇及皇族時設宴款待的料理。

日語中「配菜」和「廚房」的語源，即來自大饗料理的形式。「配菜」的日文漢字寫作「御數」，在大饗料理中，桌上的菜色數量愈多，代表這一餐愈豐盛，因此將配菜稱為「數物」。後來在「數」的前面加上「御」，演變為現在配菜的漢字。「廚房」的日文漢字寫成「台所」，其語源則來自大饗料理中排列菜餚的長方形桌子「台盤[*1]」。放台盤的地方稱為「台盤所」，後來簡化為「台所」。

這個時代，中國的唐朝（西元六一八至九〇七年）擁有當時世界最先進的技術與文化，是日本嚮往的國家。大饗料理的形式也因此受到中國不少影響。使用台盤和金屬製的湯匙、上桌盤皿的數量必為偶數等形式規範，都是模仿當時中國的餐桌禮儀。

從第一一四頁《類聚雜要抄》中的「大饗圖」即可得知，用餐時人們分坐在台盤前後方，一起共用台盤。桌上最靠近自己手邊的，是高高盛滿的米飯、筷子和湯匙，還有增添風味用的調味料盤（圖中的是鹽、醋、醬）[*2]。

＊1 台盤：朱色或黑色的漆器，種類有長台盤（長約240cm、寬約90cm、高約46cm）、切台盤（長約120cm、寬約90cm、高約46cm）等。

＊2 公卿（三等以上的朝廷官員）前面放著鹽、醋、醬三種調味料。皇族等貴客前則是有「四種器」之稱的鹽、醋、酒、醬四種調味料。位階比三等更低的人面前則只會有醋和鹽2種。

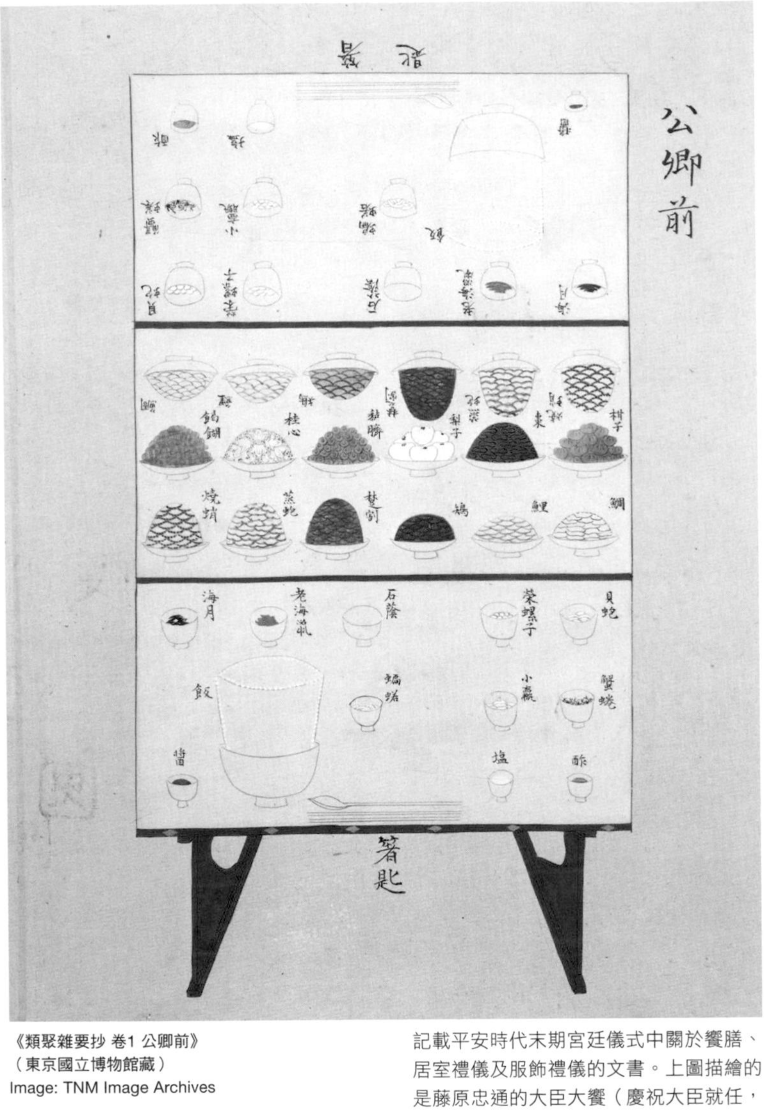

《類聚雜要抄 卷1 公卿前》
（東京國立博物館藏）
Image: TNM Image Archives

記載平安時代末期宮廷儀式中關於饗膳、居室禮儀及服飾禮儀的文書。上圖描繪的是藤原忠通的大臣大饗（慶祝大臣就任，招待皇族的饗宴）上，公卿席位的食膳擺放方式。人們坐在台盤前方與後方，最靠近手邊的是高高盛滿的蒸飯碗和調味料（鹽、醋、醬），以及筷子、湯匙。再過去有唐式甜點、水果、海鮮和雉雞等眾多料理。

大饗料理菜色數量眾多，看上去非常豪華，但是有很多生食及魚類或禽類的肉乾，必須自己沾調味料食用。與其說是味道的饗宴，不如說是視覺上的饗宴。

此外，大饗料理著重儀式，根源來自獻給神明的「神饌」（請參照第六十二頁）。大饗料理之所以有許多嚴格的餐桌禮儀與規範，是因為「飲食」這行為在日本古代包含了「與神明共食」的儀式意義。對貴族來說，參加宴會也是重要的工作之一。即使是宴會，參加者不能光是開心享受，更重要的是遵守其中既定的禮法。烹飪與飲食上的嚴謹禮法與「不只神明，人類也要盡可能『展現』優雅」的思想，這些都是大饗料理的特徵，也是延續至今的日本料理特徵。

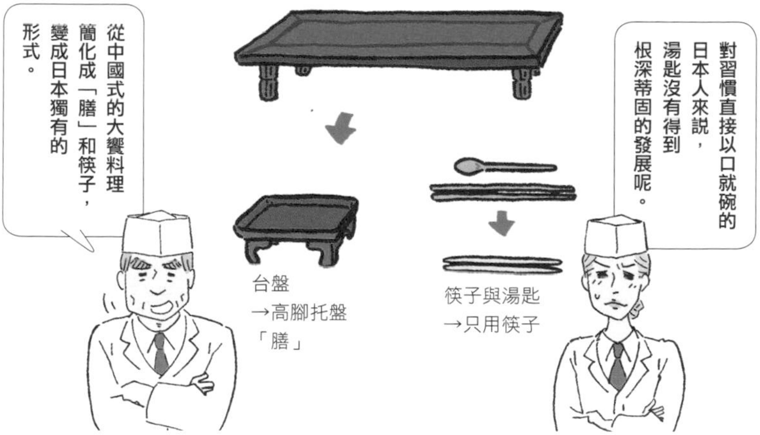
對習慣直接以口就碗的日本人來說，湯匙沒有得到根深蒂固的發展呢。
從中國式的大饗料理簡化成「膳」和筷子，變成日本獨有的形式。
台盤
→高腳托盤
「膳」
筷子與湯匙
→只用筷子

鎌倉時代

（1185～1333年）

精進料理

由禪僧推廣而普及的日本料理基礎

為什麼吃飯前要說「我要享用了*」呢？
這句話的由來與鎌倉時代的精進料理有關。

＊原文為日文「いただきます」，有「拜領」、「拜受」的意思。

精進料理奠定了日本料理的精神與禮法

平安時代初期之前，日本的飲食文化發展，多半以皇族及貴族為領頭羊。然而，從平安時代末期到進入鎌倉時代之後，渡海前往宋代中國學習禪宗的僧侶回國，除了佛法之外，也帶回當時世界上的先進文化與科學技術，這些都對飲食文化造成很大的影響。其中，禪僧帶回日本並加以推廣的精進料理，就成為新一代飲食形式。

現代日本人用餐前仍會雙手合十說「我要享用了」，結束用餐後也會說「感謝招待」。這套餐桌禮儀，正是將精進料理帶回日本推廣的禪僧道元[*1]所提倡[*2]。道元於十三世紀前半渡海前往宋朝中國，學習禪宗。在日本的寺廟中，料理飯菜向來被視為雜務，到了中國的道元，卻從有「典座」之稱的禪寺備餐人員身上學到料理也是佛教重要的修行之一。察覺飲食之中也有佛法存在的道元，對飲食有了深刻的洞察。回國後，道元將實踐這套教義的心得與方法寫成《典座教訓》和《赴粥飯法[*3]》。書中的教義內容，就成為後來日本精進料理的基礎。道元提倡植物也有生命，食材犧牲了自己的生命，成為食物延續人類的生命，所以用餐前要先對付出生命的食材表達感謝，對「拜領了食材的生命」這件事表達謝意，及用餐中不發出聲響、不殘餘食物等都是精進料理的禮法規範。

鎌倉時代，掌握政權的武士階級生活形式原本就比貴族質樸。

＊1 道元（西元1200～1253年）日本曹洞宗的開宗祖師。

＊2 用餐前說「我要享用了（いただきます）」與用餐後說「感謝招待（ごちそうさま）」的餐桌禮儀，原點來自道元推廣的佛教教義，昭和時代之後成為普及全國的習俗。

＊3 《典座教訓》（西元1237年）內容講述禪院中負責烹飪的典座理念及料理方法。《赴粥飯法》（西元1246年）則記述了什麼料理該怎麼吃的心得。

禪宗＊「質實剛健」的教義與武士氣質相投，在這個時代獲得普遍的接受。與此同時，禪宗的禮儀規範和信仰禪宗的貴族武士原有的禮儀規範，都納入了精進料理的餐桌禮儀之中。

高湯文化也來自精進料理

追根究底，精進料理根據的是佛教戒律，因此不吃肉與魚，只使用植物性食材做成料理。從此建立起「強調蔬菜美味」的日本料理傳統。

在精進料理傳入日本後，烹飪方式有很大的進步。在之前，日本人多半只用「汆燙」和「火烤」做菜，隨著精進料理傳入，又加入「燉煮」、「涼拌」和「油炸」等新的調理手法。其中最大的變化，就是透過熬煮高湯增添美味的「燉煮」料

《病草紙》「霍亂之女」局部
（國立國會圖書館數位典藏）

平安時代末期（12世紀）描繪各種疾病症狀的繪卷作品。這裡畫的是使用研磨缽與研磨棒的女人。

鎌倉時代，研磨缽與研磨臼傳入日本，人們可輕鬆將小麥或黃豆磨成粉，開始做出烏龍麵、蕎麥麵和豆腐等食物。

在研磨缽傳入日本前，如果要搗碎食物，必須放入石臼用杵來搗。

＊禪宗：以「悟」為目標，進行坐禪等嚴格修行，鍛鍊身心的大乘佛教宗派。其教義與鎌倉時代主政的武士精神相符，禪宗也於這個時代普及日本。

理種類大增。在烹調過程中加入調味，與大饗料理（上桌後才沾調味料吃）的方式有很大的不同。最重要的是，熬煮的時候還會使用「高湯*」。日本的高湯文化，以精進料理為出發點，就此發展了起來。

另外，「涼拌」的調理方式之所以普及，是由於禪僧從宋代的中國帶回「研磨缽」與「研磨」、「搗碎」的方法，使研磨或搗碎食材變得簡單許多。先用研磨缽研磨味噌，料理時味噌更容易溶解，這也是味噌湯從鎌倉時代之後開始普及的原因。

平安時代出現稱為「包丁人」（八十一頁）的料理人，指的是專職切魚或雞肉的料理人。相對的，製作精進料理的料理人稱為「調菜人」。調菜人建立起燉菜、湯類和涼拌類食物的基礎，調菜的技術也成為完成日本料理的原動力。

五十七番

《職人盡歌合》
（國立國會圖書館數位典藏）

成立於室町時代，又稱「七十一番職人歌合」。畫面右邊描繪正在分解鯉魚的武士包丁人（圖中寫為庖丁師），左邊描繪正在製作饅頭的僧侶調菜人。

以前的廚師
分成用菜刀的人
和調理食材的人啊。

＊這個時代，昆布高湯和柴魚乾高湯尚不普遍，用的是蔬果熬製的精進高湯。

室町時代

（1336～1573年）

本膳料理

武士做出的正統日本料理

它的由來是室町時代本膳料理前敬酒的儀式。
3X3=9？
什麼是三三九度？
好棒…

始於式三獻的膳食形式

室町時代，幕府設於京都，武士受到貴族影響，建立起一套武士的文化。武家的饗宴料理「本膳料理」，也成立於室町時代。本膳料理兼具大饗料理禮法方面的要素與精進料理烹調方面的技術，為此後的日本料理打下形式上的基礎。

平安時代的大饗料理在名為「台盤」的大桌上擺滿各式各樣料理，本膳料理則將盛有單人份餐點的「銘銘膳」托盤放在客人面前。此外，原本料理的數量受到重視偶數的中國文化影響，上菜的數量也必須是偶數，到了本膳料理的時代已擺脫中國的影響，開始端出日本視為好兆頭的奇數菜色。也不再使用湯匙，只用筷子進食。

宴會上的本膳料理形式，從名為「式三獻*」的敬酒儀式開始。首先端出放了酒餚的托盤，請客人分別喝下大中小三杯酒，再將托盤撤下，這樣是「一獻」。式三獻意即端上三次托盤，每次都要更換盤中菜色，如此反覆三次，是為一獻、二獻、三獻，總計喝下九杯酒。現代宴席上常見的「三三九度」儀式，其由來就是「式三獻」。在武家社會中，最重要的饗宴是將軍拜訪大名貴族宅邸，或是大名拜訪家臣的「御成」宴席。式三獻是一種透過喝酒確認主從關係的儀式，在正式的「御成」宴席上不可或缺。一般認為，身分地位較低者宴請高位者的「款待」概念，就來自室町時代的本膳料理。本膳料理的「膳」，即為前面提到的「銘銘膳」。

＊三獻原本是平安時代喝酒應酬時的儀式。形式為在大酒杯中倒酒，由上座傳遞到下座，輪流喝下杯中酒，後來漸漸演變為一人喝一杯的「式三獻」。

以「一之膳」為中心，在客人面前擺設複數膳盤。膳盤數量多半為「三本立」、「五本立」或「七本立」（也就是三個膳盤、五個膳盤或七個膳盤）。最常見的是三本立，七本立則是最豪華的本膳形式。

本膳料理以餐點為主，水酒為輔，先吃飯再喝酒是本膳料理最原始的形式。此外，每一膳必定附一湯，隨一之膳上桌的湯是配飯的湯，二之膳之後的湯則是下酒的湯。

本膳料理作為日本料理基礎的原因

從過去延續至今的日本料理基本形式「一汁三菜」（一道湯，三道菜），正來自室町時代的本膳形式。從十六世紀後半出版的書籍中，可以看到「一汁三菜」、

左圖為室町時代，在近畿一帶具有勢力的三好長慶宴請將軍足利義輝時的菜色清單。

一開始先在另一個房間由亭主（東道主）、將軍和近臣進行「式三獻」儀式，之後轉移到大宴會廳，重新端上三獻後，才開始名為「膳部」的用餐階段。結束用餐，再次進入飲酒的「獻部」階段。「獻」與「獻」之間舉行狂言和歌舞表演，酒宴持續到深夜甚至隔天早晨。

1561（永祿4）年3月晦日
室町將軍足利義輝三好亭御成記之菜色

式三献		御手掛　二の重　へいし　おき鳥　おき 鯛
献部	初献	鳥　亀の甲　雑煮
	二献	のし（するめ）　つべた（貝）　鯛
	三献	するめ　たこ　ひしおいり
膳部	本膳	塩引（鳥）　焼物　桶（このわた）　あえまぜ（和え物） 湯漬（飯）　香物　蒲鉾　ふくめ（鯛）
	二膳	鮒　くらげ　鯛汁　にし（巻貝） からすみ　えび　集汁（あつめじる）
	三膳	かざめ（かに）　くぐい（汁）　鯉（汁）
	四膳	酒びて　あわび　鯨（汁）
	五膳	すし（さば）　うずら　するめ　こち（汁）

當時的飲食禮儀步驟為「式三獻」→「獻部（酒宴）」→「膳部（用餐）」→再次回到「獻部（酒宴）」。
這次的「御成」總共端上七膳，擺出八道湯、二十多道菜餚，份量多到吃不完。由此可知本膳料理原本就是重視視覺欣賞甚於味覺的饗宴。

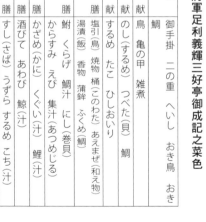

「二汁五菜」等記述*1，可知當時就以「〇汁」、「〇菜」的方式表示湯和配菜的數量了。「飯碗放左邊，湯碗放右邊」的配置，也是來自本膳料理的配置形式。

使用昆布和柴魚乾一起熬製高湯的做法亦始於本膳料理。鎌倉時代精進料理使用的是素食的精進高湯，進入室町時代後，由於海運發達，北海道產的昆布與南方產的柴魚乾都能運送到京都，實現了用昆布與柴魚乾一起熬製湯頭的做法。另外，相較於大量使用味噌的精進料理，本膳料理更常使用醬油。

「包丁人」與本膳料理的發展

從室町時代前期到江戶時代前期的本膳料理發展中，最具有存在感的人物，莫過於「包丁人*2」。包丁人除了舊有的公家

	六膳	はも　赤貝　えい(えび)(汁)
	七膳	熊引(しいら)　しぎ　鮒(汁)
	御菓子	こんにゃく　麩　くるみ　かち栗　いも　のり　結花(昆布)　串柿
献部	四献	麺　おそいもの　橘焼
	五献	おちん　するめ　いもかご
	六献	饅頭　おそいもの　竜ざし
	七献	はも　青なます　えい(えび)
	八献	三方膳　おそいもの　まながつお
	九献	えい(えび)　すし　いるか
	十献	羊羹　おそいもの　赤貝
	十一献	はも　にし(巻貝)　桜いり
	十二献	魚羹　おそいもの　ふか
	十三献	削り物　酒びて　浮きいり
	十四献	巻するめ　にし(巻貝)　くじら
	十五献	熊引(しいら)　くらげ　こち
	十六献	つぐみ　鯛の子　鴨
	十七献	からすみ　はまぐり　せいご(すずき)

根據《和食的歷史》（原田信男著／思文閣出版）製表

三獻中的「ひいおいり（漢字寫為醤煎）」指的是用鹽醃漬魚或禽類的肉泥後，再用味噌加水煮過、瀝乾水分，加入山藥再次燉煮，最後加上一點柚子皮添味的食物。當主菜是湯漬品或雜煮時，不會另外附湯。在四獻及其他獻中看到的「おそいもの（漢字寫為御押物）」，是用重壓方式製成的乾硬點心。五獻中的「おちん（漢字寫為沉盛）」是將乾的鯊魚肉削成薄片用土器盛裝的食物。

*1 室町末期的1556（弘治2）年出版的常陸國分國法《結城氏新法度》中就可看到「一汁三菜」的敘述。

*2 請參照P.81。

嗜酒的公家官員長持舉行盛大酒宴。長持大肆宣揚酒的好處，批判不喝酒的人。季節為春。

受武家招待用餐喜歡吃飯的兩名僧侶和這個家的接班人。款待客人的飯菜盛得很高。季節為秋。

武士中成家舉辦宴會的情形。人們開心享用酒菜。三本立的本膳料理，正中央是本膳（一之膳）客人右手邊是二之膳、左手邊是三之膳。

《酒飯論繪卷》（國立國會圖書館數位典藏）

16世紀前半，室町時代末期，狩野元信及其工房製作的繪卷作品。描述嗜酒的公家官員、喜歡吃飯（不愛喝酒）的僧侶，以及嗜酒也愛吃飯，著重中庸之道的武士三者之間相互競爭的故事。

系統「四条流」外，再加上掌管鎌倉幕府儀式活動的「生間流」，還有隸屬室町幕府的「大草流」以及「進士流」等流派。本膳料理的各種禮儀規範建立於各流派的包丁人之手，透過每個流派的傳承，將箇中精髓與秘法代代流傳下來。

作為儀式料理的本膳料理，注重視覺上的華美，設宴為的是欣賞一次擺上餐桌的大量料理，實際上並不能吃。從以菜色數量和席次安排來顯示地位高低的禮法規範，到食材的切法及料理的典故，這些繁瑣複雜的規矩皆由包丁人制定，只有上流社會的知識份子才能理解。到最後，徒具形式的本膳料理在江戶時代後期受到簡化，成為只在婚喪喜慶時出現的形式上的飲食儀式。直到昭和初期，某些婚禮上還能看到以本膳形式端上桌的料理。

本膳料理的膳食組合與配膳形式（一例）

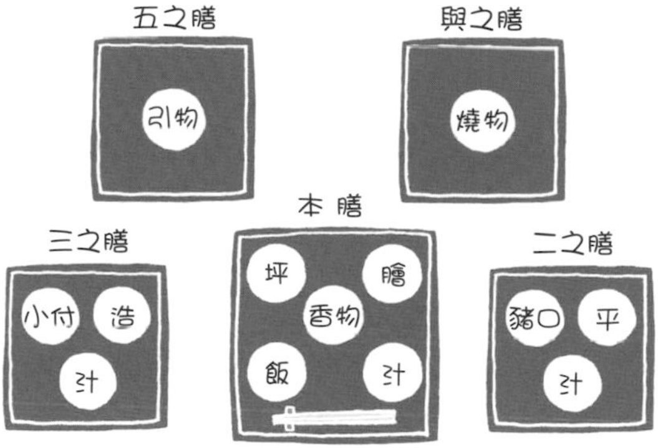
五之膳
引物
與之膳
燒物
本膳
坪
膾
香物
飯
汁
三之膳
小付
造
汁
二之膳
豬口
平
汁

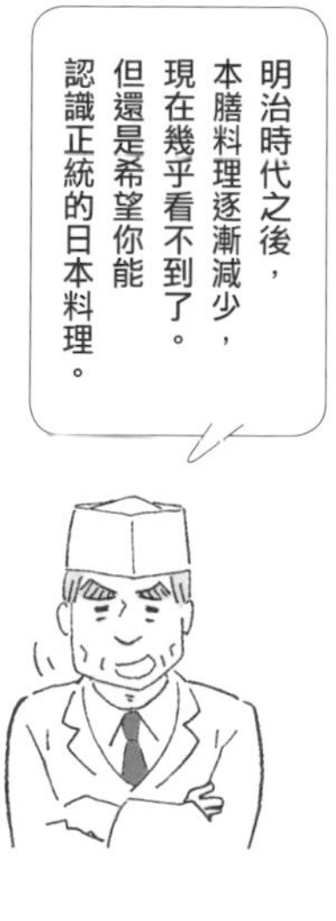
明治時代之後，本膳料理逐漸減少，現在幾乎看不到了。但還是希望你能認識正統的日本料理。

〈本膳〉白飯、一汁（味噌湯）、坪（燉煮或蒸的菜色）、膾（切成細條的生魚或生肉）、香物（醃漬蔬菜）

〈二之膳〉二汁（下酒湯）、平（燉煮的菜色）、豬口（涼拌等小菜）

〈三之膳〉三汁（海鮮湯）、造（生魚片）、小付（醋漬或涼拌小菜）

〈與之膳〉燒物（整條的烤鯛魚等。通常會讓客人帶回家）

〈五之膳〉引物，又稱台引。也是讓客人當伴手禮帶回家的東西。

安土桃山時代

（1573～1603年）

懷石料理

講究款待細節的茶會料理

法國料理以套餐的形式一次一道端上桌是在受到俄羅斯影響的19世紀後半才開始。
沒想到法國料理的套餐歷史這麼淺。
日本開始提供剛做好的熱騰騰料理是什麼時候開始的呢？
日本人開始把熱騰騰的料理依序趁熱端上桌，是從安土桃山時代的懷石料理開始。

從空間展開型的本膳，到時序型的懷石

室町時代的本膳料理，奠定了日本饗應料理的基礎。安土桃山時代茶之湯[*1]發達，取本膳料理與精進料理的優點，完成重視精神層面的精簡懷石料理[*2]。本膳料理重視形式，一次會在桌上擺滿份量多到吃不完的菜餚，有些料理甚至早在幾天前就預先做好備用。相較之下，懷石料理菜餚數量少，外觀質樸，在適當的時機端上充分加熱烹調的菜餚。將食物美味與否視為第一優先事項，是更接近料理本質的餐飲形式。本膳料理將所有菜餚一口氣擺放在吃的人面前，簡單來說，這是一種「空間展開型」的配膳方式。另一方面，懷石料理會等一道菜吃完後才上下一道菜，屬於「時序型」的配膳方式。

可以說懷石料理連「端菜上桌」的型態都有劃時代的改變。

在此簡單回溯日本茶道的歷史。鎌倉時代，茶隨著精進料理傳入日本，茶道的禮儀規範在禪院之中確立。室町時代，酒宴上出現了娛樂性質高的「茶會」。當時，茶被視為喝下後有酩酊感的飲料，和酒歸為同類，茶會之後接著舉行酒宴也是常有的事。在這樣的風潮下，茶人村田珠光將茶會中的一切奢華要素排除，茶會從酒宴上轉移到茶室內舉行，發展出稱為「侘茶」的簡約形式。珠光的徒弟武野紹鷗繼承了侘茶，而侘茶的最終形式則是在千利休[*3]手中完成。

＊1 茶之湯：招待客人喝茶享樂之舉。又稱茶會。

＊2 本書中寫成「懷石料理」，正確來說應為「茶懷石料理」。這是一種會端出茶飲的料理，又稱懷石或茶懷石。

＊3 千利休（西元1522～1591年）：安土桃山時代的茶人，為集茶道大成者，千家流（三千家）的開山鼻祖。

完成於千利休之手的茶會料理

千利休對茶會做出的最大改革，就是從茶會中完全割捨酒宴的要素。不只如此，千利休還想出了飲茶前先吃一些簡單餐點的「懷石料理」。在千利休之前，茶會上端出的料理和一般宴會料理沒有太大不同，多半是二汁五菜（兩道湯品、五道菜餚）的宴會料理。利休將這種奢華的方式精簡化，制定「一汁三菜」的終極料理形式。白飯、湯之外，加上向付（生魚片或醋漬食品）、煮物（以高湯熬煮的魚肉或雞肉、蔬菜等）和燒物（烤魚等燒烤類）的三菜，這個組合後來成為懷石料理的基本形式，到現在仍是日本料理的基本形。

不過，在千利休的時代並不稱「懷石」，一般都稱為「會席*」。後來為了

茶懷石的菜單一例

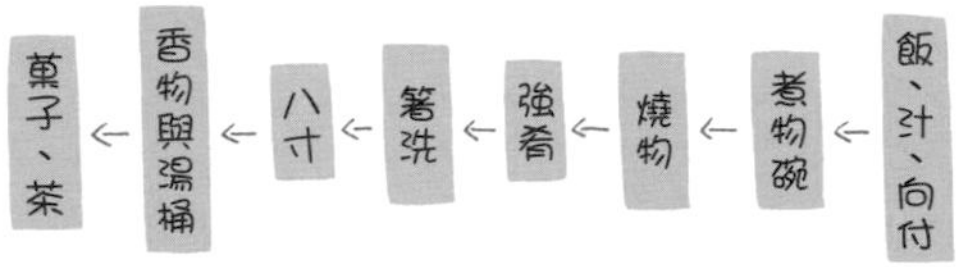
飯、汁、向付
←
煮物碗
←
燒物
←
強肴
←
箸洗
←
八寸
←
香物與湯桶
←
菓子、茶

到煮物和燒物為止是基本的一汁三菜。之後的菜餚是亭主敬第二次、第三次酒（二獻、三獻）的配菜。主要還是招待客人喝茶，所以酒最多只會敬到第三獻。強肴是涼拌或醋漬食品，箸洗是味道清淡的湯。之後端出的八寸，是有海產和山產的大盤菜，亭主和客人在此交換杯子。湯桶裡放的是鍋巴湯，客人把吃剩的飯泡進湯裡食用。

茶懷石的配膳

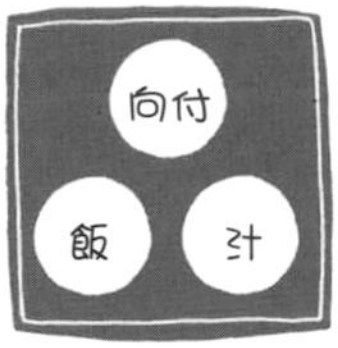
向付
飯
汁

把飯、湯和配菜放在四邊用木片圍起的托盤「折敷」上端出。飯只有一兩口的份量，湯是味噌湯。向付是「膾」或生魚片。客人吃飯喝湯後，主人就向客人敬「第一獻」的酒，客人喝酒後才吃配菜（向付）。

懷石料理和會席料理常被搞混，其實是完全不同的東西。
本來懷石料理正確來說應該是「茶懷石」才對。

＊日語中會席（かいせき，kaiseki）與懷石（かいせき，kaiseki）同音。

與江戶時代後期出現的會席料理做出區別，便引用禪僧修行時將溫熱石頭放入懷中取暖，藉此忍耐空腹的典故，取名「懷石」。

懷石料理「一期一會」的精神

懷石料理在日本料理中佔據重要一席之地的另一個原因，在於以料理傳達季節感與節慶感的特色。這樣的訊息性，其實受到茶道「一期一會*」精神很大的影響。

在最適當的時機端上料理，使用當季食材，這些都是懷石料理重視的事。不只如此，對食物的盛裝、擺盤，以及置身其中的茶室和庭園等也務求盡善盡美。在這樣的懷石料理之中，我們看見了「盛情款待」的種種心意與細節。懷石料理的思想是日本料理傳承中不可或缺的美學。

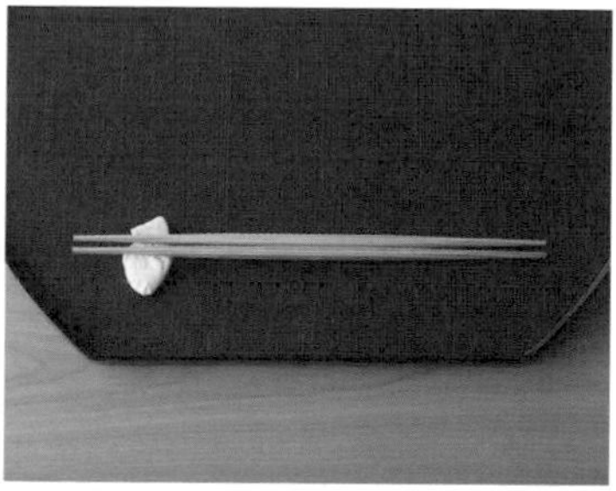
用在茶懷石宴席上的利休箸。兩端尖細，中央扁平，以杉木製成，兩頭都能用。按照茶懷石的禮法，餐前筷子放在「折敷」右邊，用餐完畢後放在左邊。

八寸。八寸指的是餐具的大小。八寸（約24cm）見方的盤器，四邊以木片包起。包邊的接縫處朝對側擺放，用竹筷取菜。

聽說千利休
招待客人的
當天早上，
會自己拿吉野杉
削成木筷。

＊一期一會：茶道的重要概念，意指珍惜每一次及每個當下的相遇。

Column

傳教士眼中的日本飲食文化

十六世紀末，歐洲的耶穌會傳教士為了傳教來到日本，投入不少精力收集關於日本人生活習慣的情報，寫成報告寄回母國。以下，就讓我們一起來看看葡萄牙籍耶穌會傳教士路易斯．佛羅伊*1在《日歐文化比較》與瓊安．洛德里傑*2在《日本教會史》中提到的日本飲食相關紀錄吧。這些內容看在今天的日本人眼中，著實新鮮有趣。

摘錄自《日歐文化比較》的內容：

．我們所有食物都用手拿取，日本人卻不分男女老少，從小就用兩根棒子（筷子）吃東西。

（歐洲人從十七世紀才開始使用叉子）。

．我們吃小麥做的麵包，日本人煮米來吃，卻不加鹽。

（不加鹽的白飯，看在歐洲人眼中似乎很新奇）。

．我們用餐時不喝湯也無所謂，日本人卻不能一餐沒有湯。

．我們一開始吃飯就會喝酒，日本人會等到食物幾乎吃完時，才開始喝酒。

（當時日本人的餐桌禮儀順序是在用餐後才進入酒宴階段）。

＊1路易斯．佛羅伊（1532～1597年）。1563年，31歲時來到日本，最後也在日本結束一生。

＊2 瓊安．洛德里傑（1561～163年）。1577年來到日本，1610年被家康逐出日本。

・我們會一邊吃飯一邊交談，但不會唱歌跳舞。日本人吃飯時默默無語，但會在吃完後唱歌跳舞。

・在歐洲，普遍由女人下廚，在日本下廚的卻是男人。他們認為站在廚房裡為身份地位高貴的人做菜是一件了不起的事。

（當時正式的饗膳都由男性「包丁人」〔請參照八十一頁〕職掌。）

傳教士們為了找到適合向日本人傳教的切入點，也注意到當時日本盛行的茶道文化。

《日本教會史》對茶會上的料理提出正面評價，對本膳料理和茶懷石有以下描述。

・關於本膳料理……所有菜餚都切成一口大小，放在餐台上端上桌，食物都涼掉了而且很難吃。其中只有湯品是熱的。愈莊重的宴會湯品的數量愈多，使用各種食材做成。日本人喜歡使用珍貴的魚類或鶴肉、天鵝肉及野鴨入菜，只使用狩獵得來的肉，絕對不會拿家中飼養的動物或家禽來烹調。因為他們認為經人類之手飼養的動物「不潔」，也認為殺死自家畜養的動物是殘酷的事。

・關於茶懷石……在料理的部分，捨棄原本只有裝飾作用的東西和冷掉的食物，取而代之的是在適當時機端出充分加熱烹調的料理，轉變為兼顧品質與內容的食物。

千利休的徒弟中有許多信仰基督教的大名貴族。有人指出茶道的禮法與天主教會的彌撒在性質上有共通之處。

江戶時代

（1603～1868年）

會席料理

享受酒宴的喰切料理

先付
刺身
燒物
煮物
用餐
吃日本料理時，總是先喝酒接著才吃飯吧？
最後才吃飯，很難吃到飽足感……
酒宴最後才端出作為總結的飯菜，是從江戶時代會席料理開始的習慣。
咕嚕——…

用餐與喝酒的順序顛倒

江戶時代登場的會席料理，是以完成於室町時代的本膳料理為基礎，再採用懷石料理「喰切」（即吃完一道才再上一道的意思）的形式，依序提供清湯、生魚片、燒烤和燉煮的饗宴料理。在長達兩百六十五年的江戶時代中，最大的變化就是具備經濟能力的庶民成為飲食文化的主體。江戶時代以前，饗應料理只為身分地位高的人存在。例如平安時代的大饗料理專屬皇族與貴族，鎌倉時代的精進料理是僧侶、室町時代的本膳料理是武士，安土桃山時代的懷石料理則是為文化人而存在的饗應料理。這類限制身分地位的饗應料理，在進入江戶時代之後，首次成為庶民也可享用的東西。

提供餐食的地點也起了很大的變化。江戶時代前，饗應料理只在特殊地點才吃得到。像是大饗料理和本膳料理只有在貴族或武士宅邸中才能享用，同樣的，精進料理在寺院，懷石料理也只有茶席之上才吃得到。饗應料理原本是只為能夠進入特殊場合的人提供的食物。然而，到了江戶時代後期，伴隨都市經濟發達，民間開始出現高級餐廳，只要付錢，人人都能享受美食與酒宴。這類餐廳（料理屋）提供的餐點，就叫做「會席料理」。

在室町時代的本膳料理中加入懷石料理的要素，這就是會席料理。不過，會席料

茶會上的餐點正準備中，
幾名賓客在會合處等待。

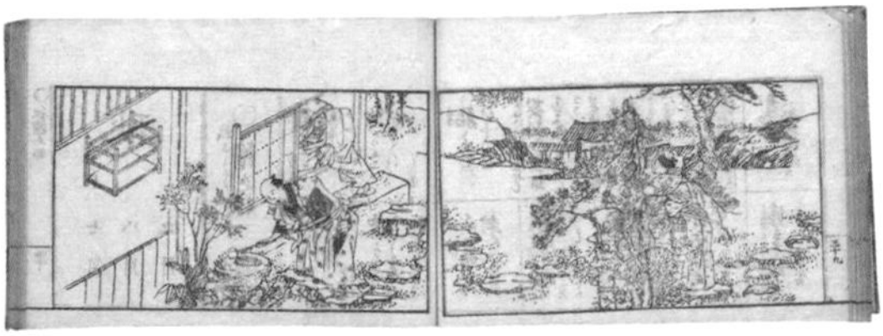

清潔口、手後，從躙口（茶室特有的小門，必須彎下身子才能進入）進入茶室。

在茶室裡用餐。使用的不是茶懷石的「折敷」托盤，而是有腳的「本膳」盤。

從茶室換個場所，
開始酒宴。

《會席料理細工庖丁》（國文學研究資料館等所藏）

江戶後期的料理書中描繪當時人舉行宴會的情形。西元1800年左右時，還是先吃飯再喝酒的形式。

本膳、懷石、會席各種形式相混，很有意思。

理與過去的饗宴料理還是有一個很大的不同。那就是——用餐與飲酒的順序顛倒了。在此之前，饗宴料理是先吃完餐點再轉為酒宴，相較之下，會席料理是先喝酒再吃飯。會席料理沒有嚴謹的禮法規範，在餐廳裡一邊喝酒聊天一邊吃的就叫會席料理，從江戶時代延續至今，形成一般饗應料理的形式。

江戶城鎮大受歡迎的攤販

在有一百萬人的大都市江戶城中，包括因「參勤交代*」來到江戶的地方武士，或從鄉下來江戶找工作的商店員工等等，單身住在江戶的男人數量很多。外食產業支撐起這些單身男性的飲食生活。西元一七〇〇年代後半，開始出現方便的移動式攤販，廣受民眾歡迎。其中最常見的是

山谷

《江戶高名會亭盡　山谷　八百善》歌川廣重繪（國立國會圖書館數位典藏）

有了料理屋，人們就能像現在一樣享受外食了。

描繪江戶知名料理店，1組30張浮世繪的其中1張。會亭就是會席料理店。一邊飲酒、一邊吟詠俳諧或連歌的筵席就稱為「會席」，和酒一起端上桌的餐點則是會席料理。「八百善」創業於西元1717（享保2）年，據說是當時江戶最高級的料亭。

＊江戶幕府的制度，規定各地大名必須輪流前往江戶住一年，稱為「參勤」。

販賣壽司、蒲燒鰻、天婦羅和蕎麥麵的攤販。當時醋、味醂和醬油等調味料已經普及，進而帶動了這些料理的流行。

在飯裡加入醋，握壽司就此誕生。關東（下總流山）正式開始生產味醂，催生了蒲燒鰻這道料理。至於蕎麥麵，在那之前，蕎麥通常做成類似麵疙瘩的形式，此一時期有人想出切成細條的麵條狀，掀起吃蕎麥麵的風潮。此外，醬油品質的提昇也成了蕎麥麵流行的推手。江戶前期醬油原料還是大麥，江戶中期開始使用小麥釀造，醬油的滋味變得更好了。江戶初期以上方（京都、大阪一帶）醬油為主流，江戶末期關東重口味的醬油逐漸取代關西較為清淡的醬油口味，濃口醬油成為主流。

《近世職人盡繪詞》（國立國會圖書館數位典藏）

浮世繪師・鍬形蕙齋描繪江戶城中超過一百種職業工匠的三卷繪卷。（左起）天婦羅攤販、烤魷魚腳攤販、四文屋攤販。四文屋指的是所有商品一律一樣賣四文錢，也有販售關東煮串等食物。

握壽司和天婦羅等曾是江戶時代的速食，現在成為日本料理的代表了呢。

飲食成為娛樂

江戶時代，飲食生活出現了劃時代的變化。原本一天只吃早晚兩餐的日本人，改成吃早、中、晚三餐，現代人飲食生活的基本型態就此奠定。

另外一項巨大改革是食譜書的出版，這使得烹飪技術更加開放，不像從前，烹飪技術只能透過不同流派的包丁人以祕笈傳授徒弟。

對食物味道好壞公開發表意見的「食通」也在此一時期出現，還流行起類似今天大胃王比賽的「大食大會」，飲食逐漸成為生活中的娛樂。在這樣的風潮下，江戶人熱衷起吃「初物*2」。有句諺語叫「初物七五日」，因為江戶人迷信吃了初物就能多延續七十五天的壽命。

江戶初物曆

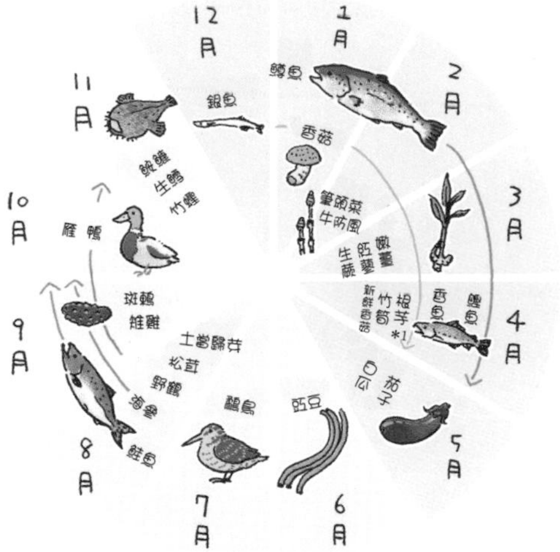
1月
鱒魚
2月
香菇
3月
筆頭菜
牛防風
嫩薑
生蕨
4月
鰹魚
香魚
根芋 *1
竹筍
新鮮香菇
5月
茄子
白瓜
6月
豇豆
7月
鷸鳥
8月
野鶴
松茸
土當歸芽
9月
斑鶇
雉雞
10月
雁
鴨
11月
鮟鱇
生鱈
12月
銀魚

依據《從圖表看江戶·東京的世界》（東京都江戶東京博物館）內容製表

也有和現代差不多的食物，但吃鶴真是太驚人了！

*1 根芋：小芋頭的新芽。

*2 意指最早上市的當季食材或食物。包括第一批撈捕的當季鰹魚「初鰹」，「初酒」、「初蕎麥」、「若鮎（幼香魚）」、「若餅（剛搗好的年糕）」。

七世紀末～現在

壽司

從東南亞發祥的熟壽司開始，到成為世界知名的ＳＵＳＨＩ

法國的迴轉壽司
ＳＵＳＨＩ在法國也很有人氣喔。看到日本的傳統料理傳播到世界各地，真是開心。
耶嘿嘿！
「鮨」和「壽司」等表示壽司的漢字好像有各種寫法，但是，它們哪裡不一樣呢？
鮨
壽司
也有寫成「鮓」的喔。「壽司」的寫法始於江戶時代，是求好兆頭的借音字。「鮨」和「鮓」都是中國古代使用的漢字，意思是「魚類保存食品」。這些漢字正好顯示了壽司的歷史。

最早是用魚肉做成的保存食品，經過三次革命最後成為「握壽司」

壽司是最具代表性的日本料理，如今也受到全世界的喜好。然而事實上，壽司並非誕生於日本的食物。壽司的故鄉，一般認為是泰國東北部到寮國一帶的東南亞地方。在泰國與寮國，一到雨季田地就會浸水，可以捕到許多魚。為了保存雨季捕到的魚，發展出把魚和鹽及飯等蛋白質食品醃漬在一起，透過蛋白質的乳酸發酵產生酸味，魚肉得以保存而不腐壞。這或許就是壽司最初的原型。

誕生於東南亞的壽司原型，於紀元前五世紀傳到中國，之後再傳到日本。平城宮跡的木簡上已有「鮓」字，可見壽司的原型在奈良時代就傳到了日本。這時的壽司，是將鹽漬過的魚肉放在米飯中醃漬，做成自然發酵的保存食品。長期保存之下，黏在魚肉表面的飯粒變得稀爛，於是將其捨棄，只吃魚肉。這就是「本馴」。有日本最古老發酵壽司之稱的滋賀縣鮒壽司就屬於「本馴」壽司。

到了室町時代，又出現了「生馴（生成）」壽司。在這之前吃的都是醃漬超過數月的發酵壽司，此時則是只醃漬幾天至一個月，待米飯發酵到有些微酸味，還看得出米粒形狀時就停止發酵，連魚帶飯一起吃。「生馴」的出現，可說是壽司成為「飯類料理」的「第一次壽司革命」。和歌山縣的「鯖魚生馴」和岐阜縣的「香魚生馴」，都是知名的生馴壽司。另外還有一種「飯壽司」，這是為了加快米飯發酵，在其中混入麴和蔬菜做成的發酵壽司。石川縣的「蕪菁壽司」和秋田縣的「鰰壽司」都是知名的飯壽司。

到了江戶時代，用醋發酵以縮短發酵時間的「早壽司*」誕生，可說是「第二次壽司革命」。一開始用醋來加快發酵程序，後來演變為在飯裡加醋攪拌，做出省略發酵程序的壽司。幕末江戶，直接在客人面前捏醋飯再放上生魚片的「握壽司」登場，壽司從原本的保存食品變成了即席食物。

「第三次壽司革命」發生在第二次世界大戰後。戰後缺糧，日本政府向外國請求糧食援助，禁止國內餐飲業營業。然而，壽司店卻主張自己並非「餐飲業者」，是

壽司系譜

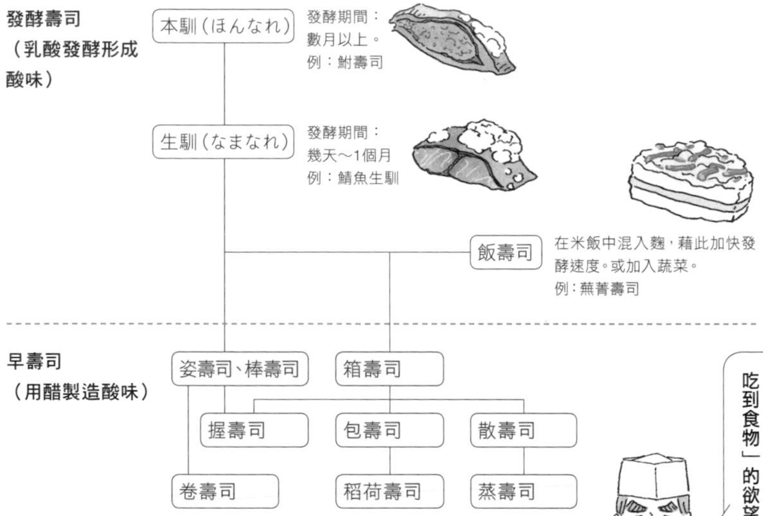

發酵壽司
（乳酸發酵形成
酸味）
本馴（ほんなれ）
發酵期間：
數月以上。
例：鮒壽司
生馴（なまなれ）
發酵期間：
幾天～1個月
例：鯖魚生馴
飯壽司
在米飯中混入麴，藉此加快發
酵速度。或加入蔬菜。
例：蕪菁壽司
早壽司
（用醋製造酸味）
姿壽司、棒壽司
箱壽司
握壽司
包壽司
散壽司
卷壽司
稻荷壽司
蒸壽司

壽司的歷史
反映出人們「想快點
吃到食物」的欲望。

＊日文中的早有「快」的意思。

幫帶米上門的客人加工製成壽司的「加工業者」。政府准許以一合米加工為十個壽司的壽司店營業後，江戶的鄉土料理握壽司就這樣遍及全國。

一九七〇年代，以美國洛杉磯為中心，掀起了一陣壽司旋風。壽司店裡的「板前」（壽司師傅）應客人要求，當場創作了各式各樣的海苔卷壽司。其中一種「**California roll***」，是為了讓不敢吃生魚的美國人也能進入壽司世界而創造的劃時代商品。到了九〇年代後半，歐美各國紛紛開起迴轉壽司店，壽司在世界各地大受歡迎。今後，壽司不知道還會出現什麼樣的變化呢。

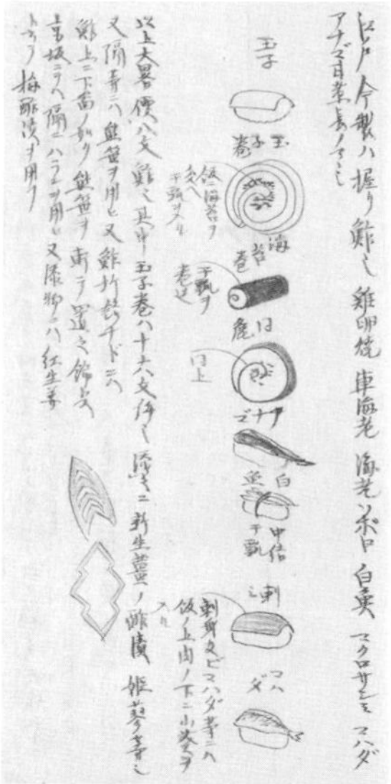

《守貞謾稿》局部（國立國會圖書館數位典藏）

江戶後期的風物誌，總共34卷。（從上到下依序為）玉子燒、玉子卷（用煎蛋捲起葫蘆乾）、海苔卷（裡面包葫蘆乾）、海苔卷橫切面、穴子魚、銀魚、鮪魚、鰶魚。

壽司的魅力在於健康。顏色繽紛又小巧可愛，我也喜歡壽司的形狀。
壽司在海外的成功，迴轉壽司與壽司機器人功不可沒呢。

＊California roll：據說是1967年前後，洛杉磯「小東京」的「東京會館」壽司師傅真下一郎發明，用酪梨和調味魚板等取代生魚做成的粗海苔卷壽司。

Column

關西與關東飲食文化的差異

進入江戶時代後期，對照以京都、大阪為中心的上方飲食文化，江戶也發展出一套獨特的飲食文化。上方的調味高雅清淡，江戶人則偏好大量使用味醂和醬油的重口味。關西與關東對調味喜好的差異，與水質的不同（請參照三十三頁）有關。此外，關西出產較多葉菜類，關東則栽培較多根莖類蔬菜。根莖類蔬菜在烹調時需要比葉菜類更濃厚的味道，也是兩者口味不同的原因之一。

	關東	關西
高湯	鰹魚高湯＋濃口醬油	昆布高湯＋淡口醬油
醬油	濃口醬油（雖然顏色較深，但鹽味比淡口醬油少）	淡口醬油（顏色較淺，鹽味比較重）
烏龍麵或蕎麥麵的醬料	用削成厚片的柴魚乾熬煮高湯，以濃口醬油增添醬色，口味和顏色都重	用柴魚乾和昆布一起熬製湯頭，以淡口醬油調味。鮮味明顯，顏色清淡
年糕湯	用清澈的湯頭搭配烤過的方形年糕	用白味噌湯搭配水煮過的圓形年糕
蒲燒鰻	從背部剖開，先蒸後烤	從腹部剖開直接烤
壽司	握壽司	壓壽司
稻荷壽司	土俵形	三角形
料理的份量	偏多	偏少
煎蛋卷	厚燒：口味偏甜，味道較重，表面煎出焦色	高湯卷：收斂甜味，在蛋液中加入高湯再煎，煎好後用竹簾捲起塑型

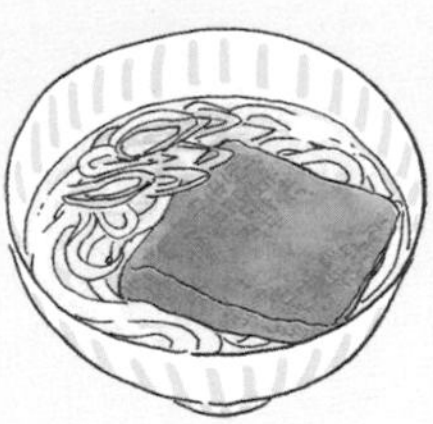

在江戶大受歡迎的蕎麥沾麵。江戶人將沾麵吃得豪邁瀟灑的秘訣，在於只要沾一點就很美味的重口味沾醬。相較之下，講究湯頭的關西人則比較喜歡蕎麥湯麵或烏龍湯麵。

第三章

饗應的實踐

會席料理的菜單、
擺設與禮儀規範

今天是要去師傅朋友的店吃會席料理的日子……
緊張
僵硬
因為…這可是會席料理耶！一定會有各種餐桌規矩吧？
我好慌啊啊啊啊啊
是不是要一直正坐？為了這天我在家練習了好久。
……
艾瑪和學都太緊張了啦。
哈哈哈！
你們兩個，別這麼害怕！
日本料理非常重視季節感受。
當季食材就不用說了，連餐具和擺設都會展現季節感，希望你們能好好欣賞這個。
今天預約的是地炕式的暖爐桌，無須正坐，妳別擔心。
謝謝師傅！
鬆口氣
冷靜下來後，周遭景物也看得清楚了
好美的庭園喔。
是啊。
……
好可愛…
艾瑪，妳怎麼好像跟平常不一樣？
!?
你現在才發現嗎？

一陽来福

先付
柿なます
帆立貝燻製
椿鈴菜すし

お椀
百合根摺り流し
蟹真文
筍 鶯菜、口松葉柚子

造り
鮪重ね造り
車海老油霜
鯛へぎ造り
彩り妻、わさび、土佐醤油

焼もの
鰆味噌幽庵焼き
大根ステーキ
金柑蜜煮、梅味蓮
千社唐、アイスプラント

煮もの
海老芋含ませ
牛ロース治部煮
梅人参、蕗青煮
雪の下春菊、木の芽

蒸し物
甘鯛蕪菁蒸し
銀杏、わさび、銀餡

酢の物
白子糸巻き
蓮根、加減酢

食事
唐墨ごはん

止椀
赤出し汁
豆腐、三つ葉

香の物
白菜、沢庵、刻み水菜

水菓子
三宝柑ゼリー

※以上菜單介紹詳見P.146~P.163內容。

＊菜單主題的「一陽來福」是一陽來復的諧音。

先付

柿なます
帆立貝燻製
椿鈴菜すし

「先付」相當於前菜，以當季蔬菜為主要食材，提供數種料理作為下酒小菜。在季節感的呈現上，先付扮演著很重要的角色。這裡的幾道先付，如椿鈴菜壽司象徵在寒冷中綻放的茶花，燻製干貝上放了竹筍做裝飾，都是為了表現立春時節的季節感。

「柿膾*1」是用紅白蘿蔔切成條狀，以鹽巴搓揉後，加入柿乾增添自然的甜味，最後用醋醃漬出整體的風味。「燻製干貝」是炙燒干貝後用醬油調味，再放上竹筍裝飾。「椿鈴菜壽司」是用白蘿蔔的「千枚漬*3」包起醋飯，加上鹽漬鮭魚卵。

先付通常由幾道小菜組成，每一道菜的調味都不相同，也各自採用不同的烹調方式。日本料理崇尚奇數，先付也會避免用兩道或四道的偶數出菜。

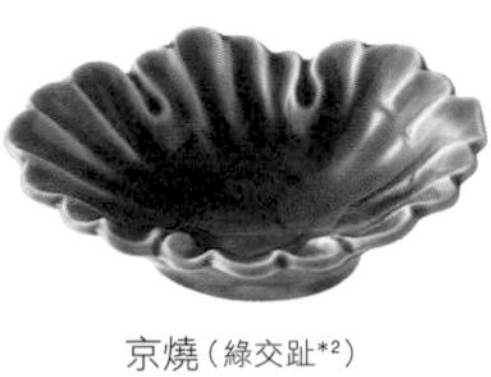

京燒（綠交趾*2）

樂燒（日本傳統陶器之一）

染付（類似青花瓷）

*1 膾：請參照P.158。
請參照P.158。

*2 交趾：交趾燒陶器的簡稱。以低溫燒製的鉛釉軟陶，特徵是鮮艷的黃、綠色彩。江戶時代中期，與交趾（現在的越南）貿易時，製造於中國南部的三彩陶器傳入日本，成為交趾燒名稱的由來。

*3 千枚漬：切片的醃白蘿蔔。

お椀

百合根擂り流し
蟹真丈
筍、鶯菜、口松葉柚子

能充分享受高湯美味的「御椀」，是日本料理的精華。整碗湯由高湯調味的「吸地（湯底）」、主要食材「椀種」、搭配椀種的「椀妻」和點綴香氣的「吸口*1」構成。蓋上碗蓋後端上桌。

這碗湯由百合根磨成的泥作為湯底，主要食材「蟹真丈」就是蒸蟹丸。「擂り流し」意思是拿海鮮或蔬菜磨成泥，再稀釋為高湯。以百合根磨成的泥象徵白雪，蒸蟹丸象徵雪球。搭配主食材的副食材有烤香菇、筍子、雕成梅花形狀的紅蘿蔔，妝點出融雪大地（＝烤香菇）上春筍探頭、梅花綻放的模樣。另加上松葉柚子增添香氣，再加上竹子形狀的鶯菜（小松菜）構成五種色彩*2，並以松竹梅代表喜氣。

輪島塗。碗蓋上有「四君子*4」圖案的蒔繪裝飾。

加上剝物*3作為裝飾，就算沒有真正的梅花或松樹，也能呈現季節感。

＊1 增添香氣的食材。

＊2 請參照P.167。

＊3 剝物：雕刻蔬果入菜的烹飪手法，呈現花鳥風月等造型。江戶時代開始興起這種以強調食物的華美來款待賓客的觀念。

＊4 四君子：由中國傳入日本，認為「梅、蘭、竹、菊」是喜慶吉兆的思想。後來在日本發展出「松竹梅」的概念。從梅、蘭、竹、菊中選擇符合當下季節的象徵（這次是梅），放在靠近手邊的位置。

造り

鮪重ね造り
車海老油霜
鯛へぎ造り
彩り妻、わさび、土佐醤油

這裡的「造」指的就是生魚片，必須有新鮮的魚和鋒利的菜刀，才能獲得美味的生魚片，可說最講究的日本料理。從古至今，關於魚的烹調方法，日本人認為第一是造（生魚片），第二是蒸，第三是烤，第四是炸，第五才是煮。

這盤生魚片是由鮪魚、蝦和鯛魚組成的黃金組合。鮪魚切方塊，鯛魚切薄片，透過不同的切魚方式呈現不同的樣貌。虎蝦油霜是先將虎蝦放入高溫的油裡快速過油，炸至表面變色後再泡入冷水。如此一來，就能保持虎蝦紅豔的色澤。

生魚片旁的配菜有帶出立體感與豐富色彩的效果。用來裝生魚片的是以削成長條狀的白蘿蔔皮盤成的小碗，也是呈現視覺效果的方法之一*。

橫梅（從側面看是梅花形狀）
黃交趾（請參照P.146註釋）

生魚片
也可以用昆布漬
等方式增添美味。

*另有盤成陀螺型的做法。

焼もの

鰆味噌幽庵焼き
大根ステーキ
金柑蜜煮、梅味蓮
千社唐、アイスプラント

「燒物（以燒烤方式調理的食物）」是整份菜單中的主菜之一。基本上提供當令魚類的烤魚料理，有時也會使用漬魚或杉板燒*1等調理手法，從食材的準備階段到燒烤階段，有各式各樣的料理方式。

這道「鰆味噌幽庵燒*2」的調味以味噌為基底，加上香橙提味，是冬季特有的燒烤料理。串燒時將食材串成波浪狀，擺盤的造型也象徵波浪拍岸，藉此營造充滿喜氣的感覺。鰆魚*3底下鋪香煎白蘿蔔墊出高度。「後方高，前方低」是日本料理擺盤的基本。

通常會用少量清爽解膩的配菜搭配燒烤料理，這裡提供的配菜有蜜煮金柑、梅味蓮藕和千社唐*4、冰菜等。

附提手的唐津燒

燒烤料理最適合使用沉甸甸的陶器盛裝。

＊1 杉板燒：將烤過的魚用杉樹板夾住。
＊2 幽庵燒：幽庵燒又稱柚庵燒，在醬油、酒及味醂混合的調味料中加入香澄或酸桔切片，稱為幽庵醬。魚肉放在醬中醃漬後再燒烤，就是幽庵燒。
＊3 鰆魚：類似土魠魚的魚種。
＊4 千社唐：蔬菜的一種，吃起來像芹菜。

煮もの

海老芋含ませ
牛ロース治部煮
梅人参、蕗青煮
雪の下春菊、木の芽

「煮物」又稱「炊合」，指的是把蔬菜等食材放入高湯中加熱，用醬油或味醂調味，對日本料理來說，是不可或缺的烹調法。這也是考驗廚師技術的一種料理。

「治部煮」是用切片雞肉沾裹麵粉後下高湯煮的金澤地方菜。這裡把雞肉換成牛肉，用蕎麥粉取代麵粉，完成比原本的治部煮更精簡洗練的一品。

「海老芋」是京都在地的一種芋頭，以「含煮*」的方式將芋頭煮得入口即化，搭配「牛里脊治部煮」的濃醇口感和「清煮蜂抖菜」的清脆口感，也能讓吃的人享受食材的變化。

配菜「雪下春菊」是用春菊（山茼蒿）捲起白肉魚漿，象徵雪地底下冒出新芽的模樣。

以色彩豐富的京燒碗
展現早春的季節感。

燉煮菜的顏色
通常比較單調，
增添梅味紅蘿蔔等配菜，
營造五彩繽紛的感覺。

＊含煮：用大量已調味湯汁，燉煮到食材入味。

蒸し物

甘鯛蕪菁蒸し
銀杏、わさび、銀餡

「蒸物」是食材不直接碰火，用水蒸氣間接加熱煮熟的烹飪方式。蒸物能活用食材本身原味，適合烹調雞肉、海鮮等口味較清淡的食物。蒸的過程不能掀蓋，必須在蒸之前先調味，或在蒸好之後淋上已調好味道的勾芡。

蕪菁就是大頭菜，「蕪菁蒸」是在白肉魚上放磨好的蕪菁泥，蒸熟後以勾芡調味的料理。這裡用的食材是甘鯛和聖護院蕪菁，除了都是冬天的當令美食外，白色的蕪菁也象徵白雪。為了維持蕪菁原本的潔白色澤，勾芡的醬汁是不用有色調味料的銀餡*。濃稠的透明勾芡在燈光下反射出銀色光芒，故稱之為銀餡。

勾勒吉祥唐獅子圖案的染付（青花）瓷器。

趁著還熱騰騰
將料理端上桌，
這種時候就要
使用有蓋子的容器。

*銀餡：餡在日語中有勾芡的意思。

酢の物

白子糸巻き
蓮根、加減酢

清爽解膩的「醋物」會在套餐料理接近尾聲時端上桌。「白子糸卷」是用山藥、鴨兒芹和切得極細的京都紅蘿蔔將白子[*1]捲起。加減醋則是一種配方醋。

廚師們習慣將用醋調味的料理泛稱為「膾物」。膾是古代中國的料理，原本指切成細條的生肉或生魚（請參照第二十八頁註釋）。傳到日本之後，膾變化為屬於日本的獨特料理。室町時代，只要用醋調味的料理都稱為膾。生魚片本來也是膾的一種，切成薄片的魚肉，可沾生薑醋或「煎酒[*2]」調味。室町時代後期醬油開始普及，吃生魚片時就不再沾醋而改沾醬油，生魚片本身也成為獨立的料理。

朝鮮唐津，是唐津燒陶器的一種。以黑釉與白釉上色，象徵融雪的大地。

醋物和生魚片源頭都是膾啊。

＊1 白子：通常是鱈魚的精巢。
＊2 煎酒：在日本酒裡加酸梅乾熬煮後過濾而成的調味料。

食事 止椀 香の物

唐墨ごはん
赤出し汁
　豆腐、三つ葉
白菜、沢庵、刻み水菜

「食事」是這一餐的總結，通常吃雜炊飯或壽司等「米飯料理」，搭配味噌湯或清湯等「汁物」和醃漬菜「香物」。食事基本上就是由飯、湯、漬菜這三種料理構成。另外，會席料理最後端上桌的湯稱為「止椀」。

唐墨[*1]是十一月時做起來存放的保存食品，屬於帶有喜慶意義的食材，用唐墨入菜，會讓白飯吃起來有奢華的感覺。

「香物」是醃漬菜。香物的語源來自平安時代貴族的休閒活動「聞香[*2]」。鑑賞香木的時候，為了防止嗅覺麻痺，途中會吃一點「沢庵」，也就是醃蘿蔔。從前醃漬物品多半是發酵保存食品，現代人也經常會吃未經過發酵程序的「淺漬」。

萬曆赤繪皿

有田燒

輪島塗

*1 唐墨：用烏魚等魚類的卵巢製作，先鹽漬再去鹽，日光曝曬乾燥而成（即台灣食物的烏魚子）。
*2 聞香：用放在手心的小型香爐加熱香木，鑑賞（品聞）留在自己手上的香氣。

水菓子

三宝柑ゼリー

這裡的「水菓子」，在日語中原本指的是水果，但會席料理的菜單上，「水菓子」泛指所有甜點。也有直接以水果當作甜點的時候，除此之外，像是紅豆餡蜜、羊羹等和菓子、冰沙或冰淇淋等西洋甜點也是會席料理常見的水菓子。

這餐的甜點使用當季水果柑橘中的「三寶柑」，做成口感清爽的水嫩果凍。

雖然日本料理基本上不使用乳製品，一般來說，還是會提供用鮮奶油等原料製作的甜點。

吃法國料理時，
會想要吃
很甜的甜點，
日本料理本身就具備甜味，
搭配口味清爽的甜點
比較好。

綠交趾（請參照P.146註釋）

餐具與擺盤

餐具也是日本料理的精髓之一

日本料理特有的享受之一就是餐具器皿。前面介紹會席料理時也提到，除了食物本身，連餐具都能傳達季節感，視覺上的饗宴正是日本料理的精髓。

日本人直接將餐具端到嘴邊飲食，這種方式是世界上其他地方很少見的，但也因此發展出形形色色的碗盤與大小不同的裝盛器皿。西式套餐多半統一使用整套白色瓷器或玻璃器皿，日本料理的全席料理則會同時使用漆器、陶瓷器等各種材質、顏色與形狀的器皿，連拿在手中的觸感都是一種樂趣。

器皿的知識1　陶器與瓷器的不同

	陶器（土器）	瓷器
原料	以陶土(黏土)為主	以陶石敲碎而成的石粉為主
燒製溫度	800～1250℃	1200～1400℃
吸水性	約10%	幾乎為0%
熱傳導率	低	高
質地	較軟，多孔	玻璃質高，細緻堅硬
代表產地	美濃燒、瀨戶燒、益子燒、信樂燒、唐津燒等	有田燒（伊萬里燒）、九谷燒、砥部燒等

陶器會
吸收油份，
法國料理不用陶器裝盤。
也擔心刀叉會
劃傷陶器。

朝鮮唐津

有田燒

器皿的知識2 器皿的陰陽

陰陽的根本概念是
陽象徵動、剛、熱、明、輕，
陰象徵靜、柔、冷、暗、重。
反映以上幾個要素可知，渾圓穩重，給人柔和感覺的器皿屬於陽性器皿，方形、深度較深的器皿屬於陰性器皿。料理與器皿是互相幫襯的關係，溫潤的器皿適合突顯氣勢的擺盤方式，特徵強烈的器皿適合溫和穩重的擺盤方式。

陽

萬曆赤繪缽

高坏

備前燒

陰

土耳其藍千段蓋物

京燒松竹梅文扇面缽

京燒

附蓋的器皿屬於陰性器皿。用來盛裝熱湯等陽性料理，就能達到陰陽調和。
整份套餐最好均衡交錯地使用陶器和瓷器或陰性和陽性器皿。

擺盤的原則

擺盤的原則有六點，簡單說明如下：

①區分器皿的前後

上菜的時候，器皿的正面必須面向客人。如果難以判斷器皿的前後，可以用底部的銘文或印記來判別*。

②思考器皿與料理的搭配性

擺盤的時候，要配合料理的形狀、顏色和味道來選擇器皿的形狀與顏色。陰陽思想又在這時派上了用場。造型渾圓的器皿適合擺放做成方形的料理，方形有角度的器皿適合擺放做成圓形的料理。以生魚片為例，圓盤上就放切成方形的「平造」或「角造」。而裝在圓形湯碗裡的湯料，也一定要包括方形元素在內才行。

③留下空白

器皿的知識3　日式器皿各部位的名稱

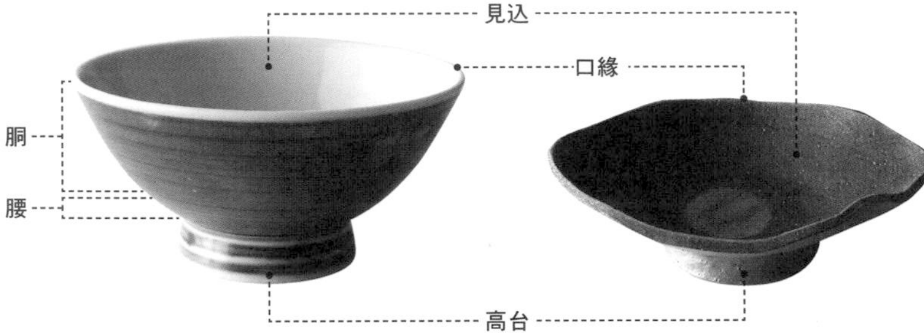

見込
口緣
胴
腰
高台

見込…器皿內側的部分。　口緣…開口邊緣的部分。又稱口造。
高台…器皿底部圓環狀的臺座。
胴…口緣和腰中間的部分（淺盤就沒有這個部分）。
腰…胴和高台中間的部分（只有下半部突出的器皿才有這個部分）。
有些器皿很難判斷胴和腰的邊界在哪裡。

有高台的器皿
方便直接用手拿，
即使裝燙的東西
也不會直接導熱。

＊刻寫在器皿底部的銘文或作者名、窯廠印記的下方為正面。換句話說，翻到底部時能正確讀取銘文及印記的方向為正面。

裝盛料理時，不要把器皿不留一絲空間地全部裝滿。自古以來，日本人就十分重視留下充分的空白。關於留白的比例，可以參考下面的圖解。

④製造立體感

據說擺盤的原型是神饌（請參照第六十二頁）。神饌的規矩就是要讓料理顯得崇高又美觀。這樣的傳統也體現在日本料理之中，擺盤時非常注意墊出高度，製造立體感。

⑤擺出五種顏色

擺盤時的基本配色重點，就是必須考慮是否兼顧青（綠）、紅、黃、白、黑五個顏色。

⑥營造季節感

季節感可說是日本料理最重視的元素。不只四季，每個月份都要仔細營造。

擺盤時器皿上留白的參考比例

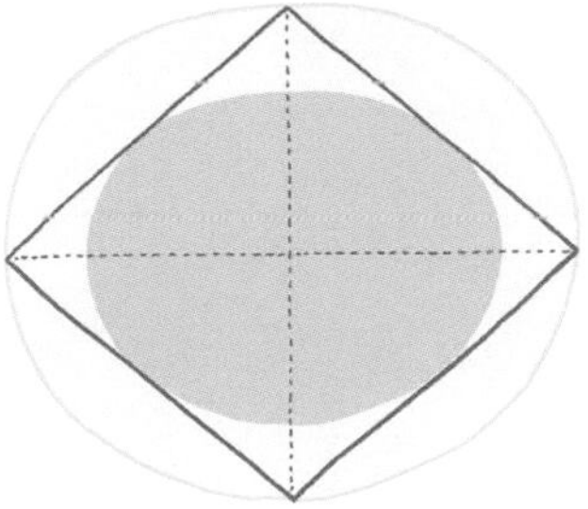

〈橢圓形（或圓形）器皿〉
以橢圓形（或圓形）器皿長徑與短徑交叉的四個頂點拉出一個菱形。這個菱形內最大範圍的橢圓，就是可盛裝食物的面積。

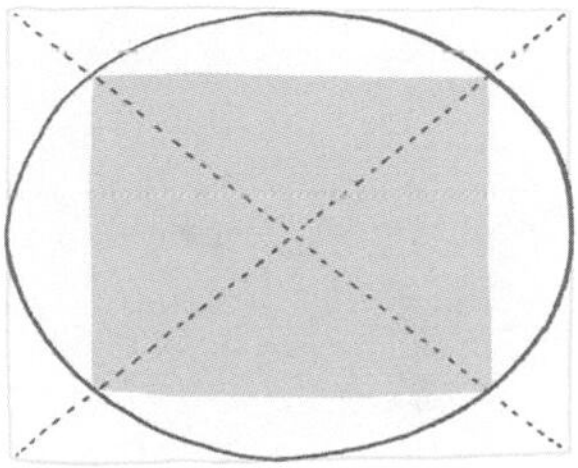

〈長方形（或正方形）器皿〉
想像長方形內最大範圍的橢圓與器皿整體的兩條對角線。以橢圓與兩條對角線交錯的四個點為頂點，拉出一個長方形，就是可盛裝食物的面積。

實際上，最好盛裝在比圖中水藍色部分稍微後方一點的位置。

和室的陳設與禮儀規範

趁著享受美食的機會，順便說明一下和室的陳設吧。
關於用餐禮儀，這裡就先略過不提，市面上有很多禮儀書希望你們看書學習。
我想知道關於和室的陳設。
招待賓客時，也需要與陳設有關的知識呢。

玄關的陳設與鞋子穿脫、擺放方式

三和土…玄關前的泥地。
脱鞋石…為了方便穿脱鞋子和放置鞋子，也為了方便上下玄關而放置的石頭。
式台…三和土與上框的高低落差太大的時候，會在此設置一塊木板。穿鞋時也可坐在這上面。
上框…在玄關處脱鞋後，要跨上屋內的階梯部分，釘在側面的板子就稱為上框。
取次…在玄關迎接客人的地方。

於玄關處脱鞋的方法

・保持進入玄關（大門）時的方向，在脱鞋石上脱下鞋子。
・以屁股不要正對大門的方位跪坐在式台上，把脱下的鞋子對齊放好。

日式房間裡上座與下座的概念

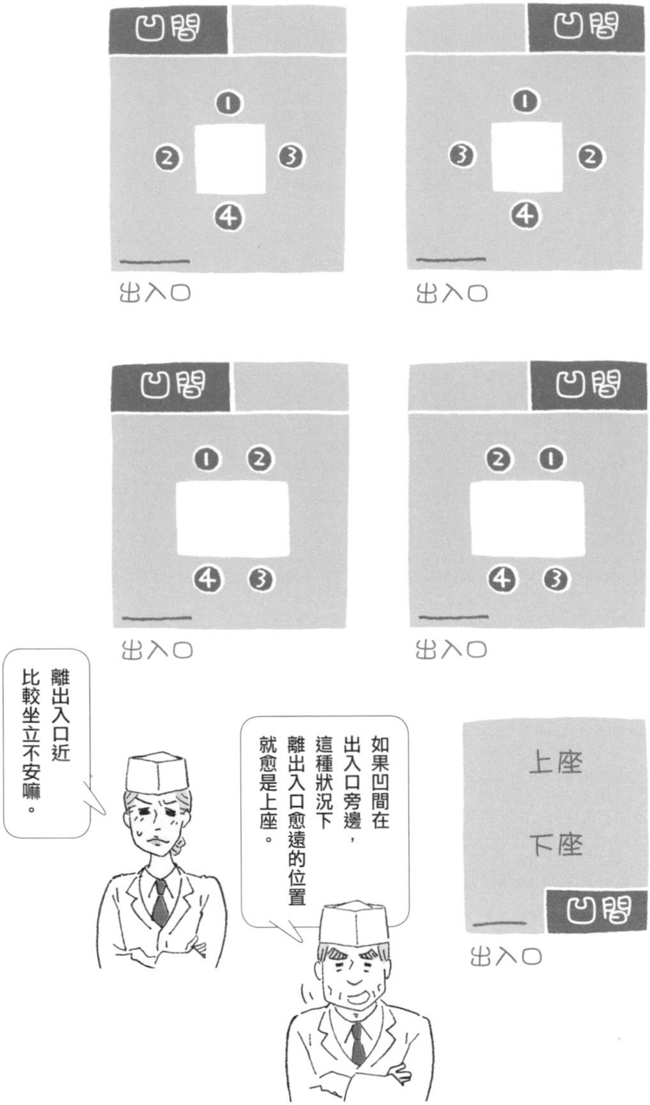
凹間
出入口
上座
下座
如果凹間在出入口旁邊，這種狀況下離出入口愈遠的位置就愈是上座。
離出入口近比較坐立不安嘛。

上座與下座的概念

聚餐的場合必須注意誰坐在哪個位置，也就是座次的問題。如果彼此都是平輩友人，或許不用介意座次。但遇到招待賓客的場合，還是得先弄清楚座次如何安排。

各位聽過「上座．下座」的說法嗎？

上座是給賓客或身分地位高的人坐的位子，地位較低或負責接待賓客的人則坐在下座。

如果房間裡有凹間*，靠凹間最近的位置就是上座，最遠的位置就是下座。如果沒有凹間，則離出入口最遠的位置為最上座。請配合圖解確認座次吧。雖然關於座位有這樣的禮儀規定，最重要的，還是要讓賓客坐在安全又舒適的位置，這才是上座的意義。

屋外有庭院時的座次

凹間
1
2
3
4
庭院
出入口
通常離出入口最遠、背對凹間的位子為上座。不過，當屋外有庭院時，則以背對庭院的位置為下座。
這樣賓客才能好好欣賞美麗的庭院。

＊凹間：或稱「床之間」（床の間），是在和室內一個內凹的角落，用來放置掛軸或插花等擺設。

凹間（本床）

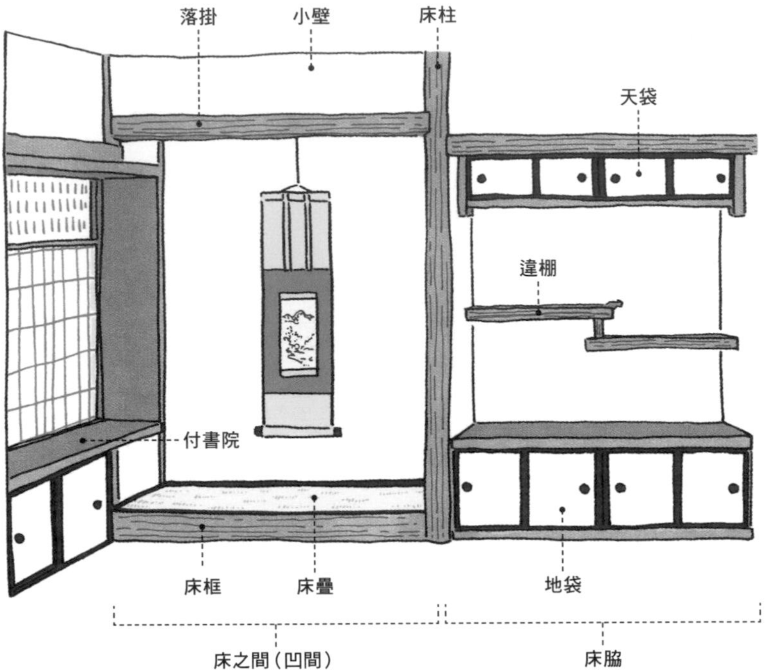
落掛
小壁
床柱
天袋
違棚
付書院
床框
床疊
地袋
床之間（凹間）
床脇

凹間的正式名稱為「床」。
用掛軸、插花和擺設
展現四季不同的風情。
包括這些室內陳設在內，
都是享受日本料理時的樂趣。

凹間與建築樣式的變遷

・室町時代完成了武士宅邸的建築樣式「書院造」。原本用來接待身份地位高貴之人的「上段之間」簡化為「床之間（也就是凹間）」。這個時代的凹間形式稱為「本床（本式床之間）」。

・安土桃山時代，千利休打造了草庵風格的茶室。本床凹間變化為各式各樣的凹間型態。其中最簡單的一種，就是只用釘子在牆面上掛畫軸的「壁床」。

・納入安土桃山時代茶室特徵建築樣式的「數寄屋造」出現，這是排除書院造的繁複樣式與威嚴，追求簡樸自由的建築樣式，現代料亭中仍能看到這類樣式的建築。

房間上方

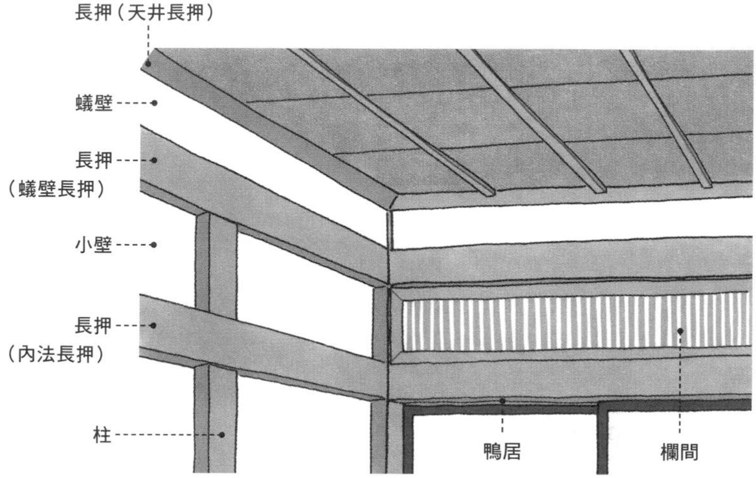
長押（天井長押）
蟻壁
長押
（蟻壁長押）
小壁
長押
（內法長押）
柱
鴨居
欄間

長押現在只成為建築中的裝飾，過去原本是用來固定柱子的結構材料呢。

掛軸

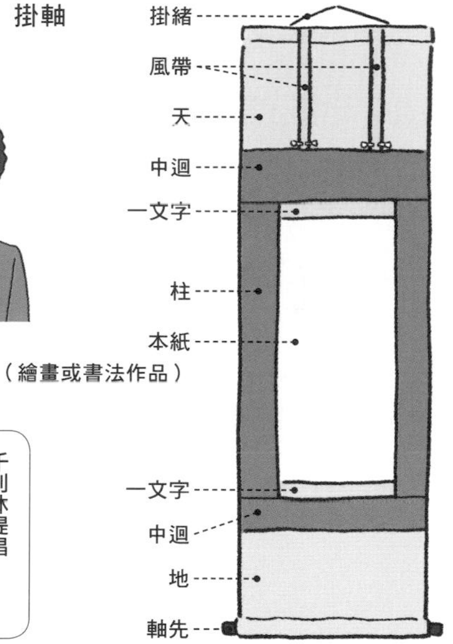
掛緒
風帶
天
中迴
一文字
柱
本紙
（繪畫或書法作品）
一文字
中迴
地
軸先

千利休提倡掛軸的重要，於是茶人之間大大流行起掛軸。

二選一
猜題

令人想學會的
日本料理供餐知識

請從a與b中
選出答案
解答與解說
在178～179頁。
用猜謎遊戲
學習正確的器皿擺放
和裝盛的方法吧！

Q1　有木片包邊的圓形器皿，擺那個方向才正確？

a

木片接縫處
面向手邊

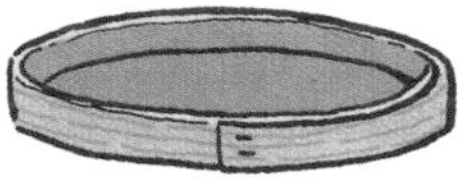

b

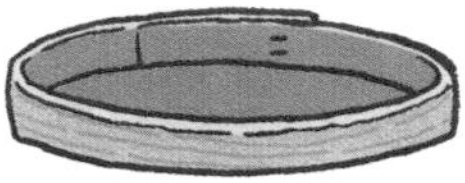

木片接縫處
面向對面

Q2　有木片包邊的方形器皿，擺哪個方向才正確？

a

木片接縫處
面向手邊

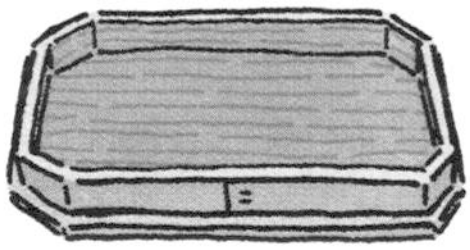

b

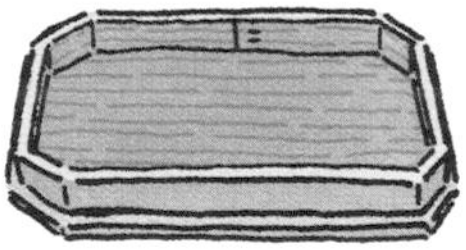

木片接縫處
面向對面

Q 3　隅切板的擺放方向哪個才正確？

a

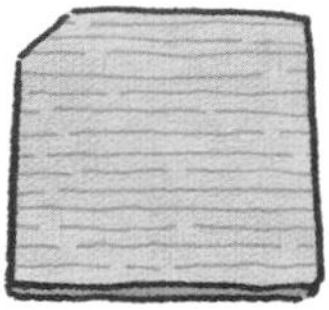

隅切角
朝對面左側

b

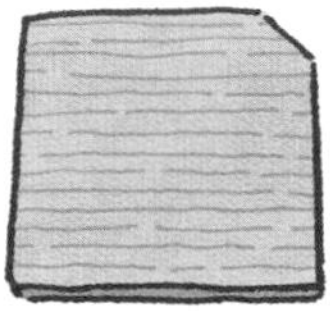

隅切角
朝對面右側

Q 4　方形托盤的擺放方向哪個才正確？

a

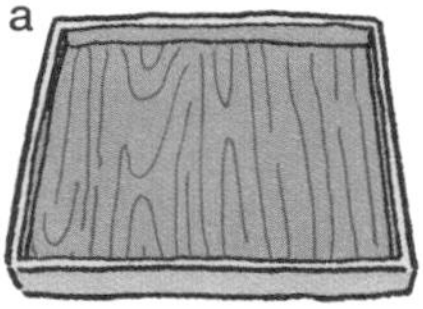

木紋垂直
的方向

b

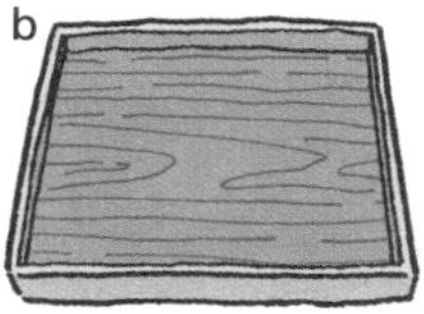

木紋水平
的方向

Q 5　圓形托盤的擺放方向哪個才正確？

a

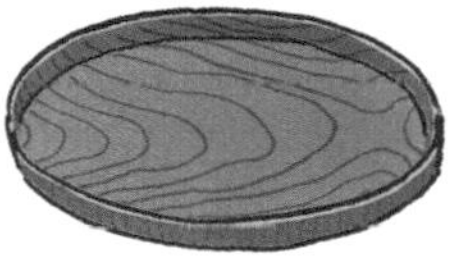

年輪緊密
的部分
放在左側

b

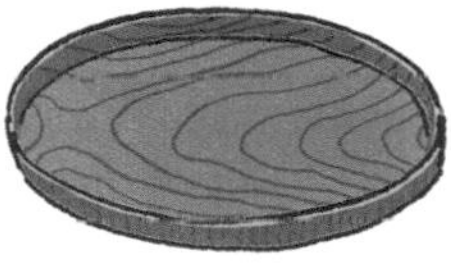

年輪緊密
的部分
放在右側

Q 6　葉皿的擺放方向哪個才正確？

a

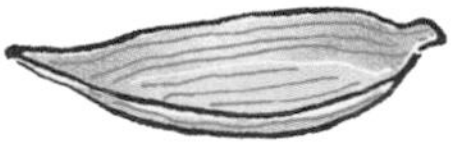

葉尖朝左

b

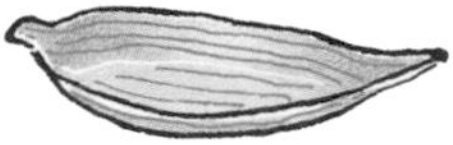

葉尖朝右

Q7　烤魚的擺放方向哪個才正確？

a

頭朝左

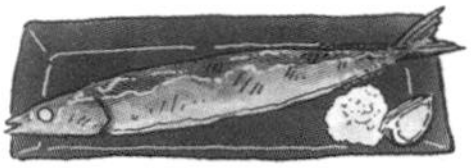

b

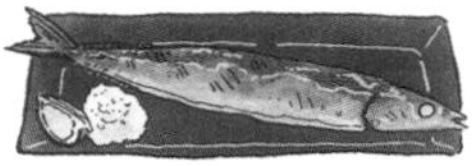

頭朝右

Q8　鰈魚的擺放方向哪個才正確？

a

頭朝左

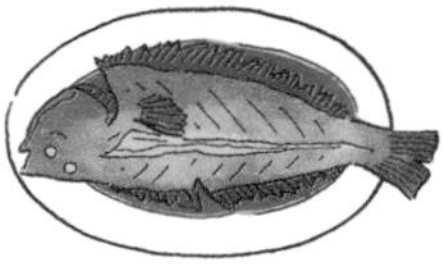

b

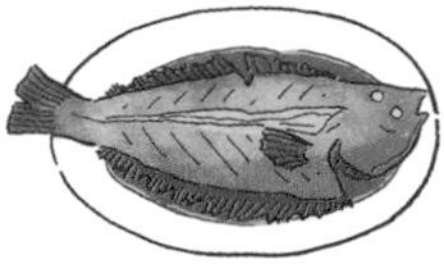

頭朝右

Q9　切塊魚的擺放方向哪個才正確？

a

看到得魚皮
那邊
朝前方
（外側）

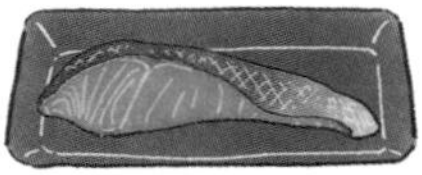

b

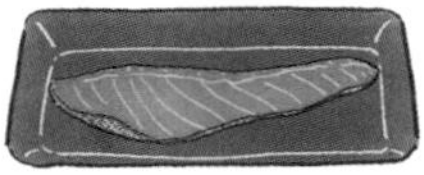

看到得魚皮
那邊
朝手邊
（內側）

Q10　漩渦魚板的擺放方向哪個才正確？

a

漩渦呈
順時針方向

b

漩渦呈
逆時針方向

番外篇

Q11　座墊的正反面怎麼分？

a
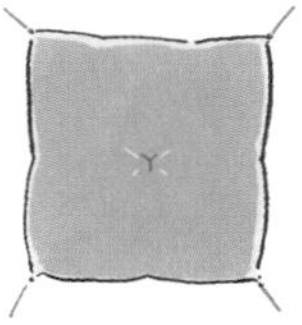

沒有流蘇的
是正面

b
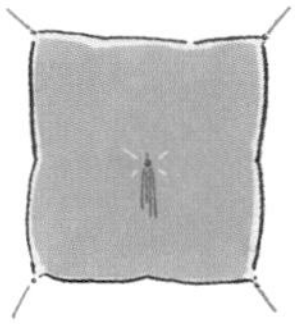

有流蘇的
是正面

Q12　喜慶時的懷紙折法哪個才正確？

a

上面的紙
朝右下折

b

上面的紙
朝左下折

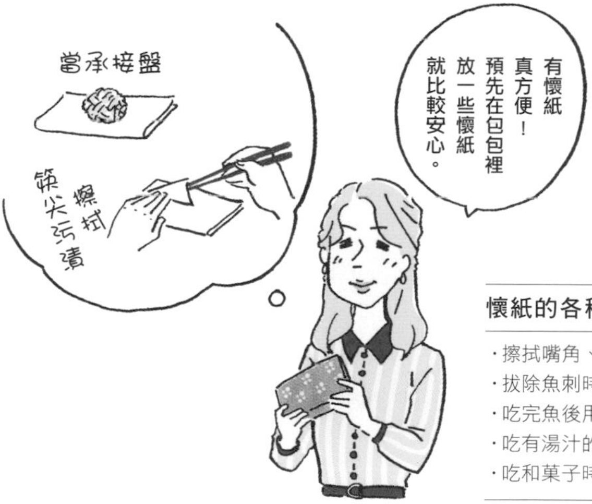
當承接盤
擦拭筷尖污漬
有懷紙真方便！預先在包包裡放一些懷紙就比較安心。

懷紙的各種用法

- 擦拭嘴角、筷尖和玻璃杯的污漬
- 拔除魚刺時用來按壓
- 吃完魚後用來掩蓋魚刺
- 吃有湯汁的東西時拿來承接
- 吃和菓子時拿來承接

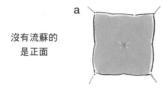

解答與解說

Q1 a

口訣是「丸前角向（圓的東西朝手邊，方的東西朝對向）」，圓形的器皿，包邊接縫處朝自己的方向擺。

Q2 b

方形的器皿，包邊接縫處朝對向擺。

Q3 b

隅切板的隅切角要朝對面右側。

Q4 b

方形托盤擺放時，木紋呈水平方向。

Q5 b

圓形托盤擺放時，年輪緊密部分朝右側。

Q6 a

葉皿擺放時，葉尖朝左邊放置。

Q7 a

烤魚裝盤時，頭朝左邊擺放。更進一步說，「海魚擺放時，魚肚朝食用者手邊放，河魚擺放時，魚背朝食用者手邊放」。

日本料理原則上
「以左邊為上位」
請閱讀１８０頁的專欄。

Q8 b

烤魚裝盤時的原則雖是頭朝左邊放，唯一的例外是鰈魚。鰈魚頭朝左邊放的時候，魚背會朝向食用者，因此鰈魚裝盤時頭部要朝右，讓腹部朝向食用者。

Q9 a

切塊的魚看到得魚皮那邊是表面，裝盤時魚皮朝上。

Q10 a

魚板上的漩渦看上去呈「の」字就是正確的方向。

Q11 b

座墊中央有固定用的絲線流蘇就是正面。如果兩面都有流蘇，就看側面的縫份，縫份蓋住的那一面為正面。

座墊的四個邊中，沒有縫份那一邊（呈環狀）放在膝蓋前方。如果有包座墊套，則以有拉鍊那一面為後側。

Q12 a

懷紙是裁成小張的和紙，經常使用於茶會及日本料理宴席上。將懷紙對折時要注意的是折的方向。慶祝喜事或平常時的宴席，要朝自己的方向折，上面的紙微微向右，形成紙緣朝右下的折法。喪事時則要像b的圖示那樣朝左下折。

座墊垂直的那邊稍微長一點點喵~

Column

上座是左邊，還是右邊？

日本自古以來都尊左為上位。因為面朝南方時的東邊就是左邊，意味著「日出的方位」，一直以來都被視為神聖的位置。

另一方面，中國自古以來都以右為上位。從漢代的「左遷」一詞，就可看出視右方為上位的觀念。只是，到了後唐時期左右逆轉，左邊成為上位。這是因為在中國，每當改朝換代，就有刻意制定與前朝相異制度的傾向。與唐代交流興盛的日本平安時代，也隨著唐代的尊左，以國家的行政組織為中心奠定以左為上位的思想。

不過，在判斷左右哪邊為上位時，重要的是「看出去的方位」。以舞台為例，從觀眾席上看出去，面向舞台的右側為「上手」，左側為「下手*」，然而，若以表演者的角度來看，上手就成了左側，下手則是右側，也就是以左為上位。今日以右側為上位的情形居多，是明治時代之後受到西方影響的緣故。西方人認為「右＝正確」，視右側為上位，受到這個觀念影響，明治天皇的肖像畫中天皇在右，皇后在左。這個方位的配置也在日後深化普及。話說回來，日本料理的世界依然重視傳統日本價值觀，堅守以左為上位的規範。最優先食用的飯碗放在膳盤的左側，就是以左為尊的表現。

以現代一般女兒節人偶最上層代表天皇與皇后的「內裏雛」來說，面對人偶時的左邊，也就是從人偶角度看出來的右邊為上位。然而，在重視傳統的京都則相反，京都的內裏雛的上位是面對人偶的右邊，也就是從人偶看出來的左邊為上位。

*表演者從上手上台，從下手下台。

尾聲

到這邊，第一章介紹了日本料理的八大支柱。
味噌
第二章則是關於日本料理的歷史。
第三章就複習的意義來說，帶大家吃了一餐會席料理。
超級期待
接下來要教我們什麼？
我能教的到此為止。
恭喜畢業
畢業證書
怎麼這樣！
我還有好多想學會的事情啊！
為什麼日本料理在海外也受到歡迎？還有，日本料理今後的路等等……
關於日本料理的未來，就交棒給這位，請她來跟大家介紹吧。
鏘鏘——
大家好。我是料理通信社主幹編輯君島佐和子。
哇
嚇一跳

和食吸引海外廚師的原因

全世界壽司店的數量急速成長，是二十世紀即將告終時的現象。察覺這個潮流動向的散文作家玉村豐男前往巴黎、倫敦、阿姆斯特丹、紐約及洛杉磯等地，探訪當地的壽司店，出版了《迴轉壽司環遊世界》一書，由世界文化社出版。那年正是二〇〇〇千禧年。

壽司只以魚料和醋飯兩個部位構成。雖然握壽司有握壽司的基礎構造，捲壽司有捲壽司的基礎構造，基本上還是只靠魚料種類展開多采多姿的壽司世界。就這點來看，即使在文化相異的國家，壽司仍是簡單易懂的食物。搶眼的外觀與媲美速食的方便，這兩項特點也加速了壽司在國外的接受度。

二〇〇〇年後半到二〇一〇年左右，醬油、山葵、香橙、日本酒、味噌、豆腐和昆布等日本食材調味料漸漸進駐海外餐廳的廚房。

「巴黎的米其林星級餐廳中，應該沒有哪間餐廳廚房裡沒有常備醬油的吧。」

想知道醬油在國外的普及程度，詢問住在巴黎的料理新聞工作者時，得到了這樣的答案。雖然這不是根據詳細數據得出的理論，或許不十分正確。但是，既然在對方每日採訪餐廳的過程中累積出這樣的想像，至少可以說是「雖不中亦不遠」吧。

「A Simple Art」

仔細想想，這半世紀以來，日本料理不斷為海外星級餐廳主廚帶來衝擊。

現代法國料理的變革「新潮烹調（**Nouvelle cuisine**，新烹飪運動）」屢屢被指出受到日本料理影響，其核心人物之一的保羅・博古斯（**Paul Bocuse**）曾於一九七二年受辻静雄之邀來日。隔年一九七三年，保羅就在促進法國料理界改革的新潮烹調「新美食十誡」中提倡「改掉過度複雜的菜單」、「縮短調理時間」、「尊重在地市場裡的料理（重視食材）」、「拒絕過時的濃稠醬汁」了。

用烤過的牛骨熬製**Fond de veau**、使用大量奶油、鮮奶油等高蛋白質、高脂肪的動物性食材製作的法國料理，或許曾經用那濃厚的口味證明了料理的奢華。然而，隨著生活型態的改變，對運動量減少的現代人來說，昔日的法國料理口味實在太重了。再加上物流與冷藏技術的進步，廚師隨時得以使用新鮮食材烹飪，那又何必刻意破壞食材的新鮮原味呢。與時俱進的新潮烹調，褪去了法國料理不符合時代潮流的厚重外套。

博古斯受到日本料理哪些啟發？從招聘他到日本來的辻静雄著作標題或許可見端

倪──《Japanese Cooking : "A Simple Art"》，這本一九八〇年於美國出版的日本料理解說經典，用「A Simple Art」形容日本料理的特質，正是這點改變了博古斯的觀念。換句話說，他發現到「過去法國料理或許烹調過度了」。

魚只用鹽調味，以適度的火力烤出保留水分的烤魚料理，汆燙蔬菜時也注意留下蔬菜原有的清脆口感。尤其是葉菜類，簡單清燙才能保持鮮艷的綠色。體驗過這些簡潔烹調方式帶來的鮮活原味，海外廚師們從中發現日本料理「揚棄加法，以減法導出食材真正價值」的訣竅。

風土培育出的美學

日本料理得以成為「A Simple Art」的原因之一，在於日本的自然風土。

國土南北狹長，形成多樣化的氣候。擁有世界第六長的錯縱複雜海岸線，帶來優質的漁場。森林覆蓋國土大約七成面積，山海相鄰，河川陡峻。豐富的降雨量創造豐富的植物生態，*據說在日本生根的植物約有七千五百種，凌駕於英國的一千六百種和紐西蘭的兩千種之上。日本菌菇種類佔全世界兩萬種菌菇中的超過一成。魚種有四千五百種，相較於英國的三百種和紐西蘭的一千三百種，日本的生物多樣性確實值得一提。

一如日語中「里山里海」一詞的意義，不難想像當人類居住的聚落離生產食材的

＊引用自特別展覽《和食～日本的大自然，人們的智慧～》公式導覽書。
「日本列島的自然與食材、和食的關係」
（國立科學博物館副館長 篠田謙一）

山海愈近，愈能培育出尊重食材的態度。此外，日本擁有潔淨的水源，形成日本料理對清潔的特別講究。追求保鮮的活殺技術及生魚片象徵的生食文化，背後都有日本的自然環境與風土支撐。

不過度烹調的素材主義，正是日本風土孕育而成的美學。

掌控鮮味的技巧

二〇一三年，「和食」由聯合國教科文組織認定為世界非物質文化遺產。

同一時期，其他國家的主廚紛紛探究起日本料理的奧妙。北海道的昆布生產者、伊豆的山葵園、靜岡及宇治的茶園、福井的昆布盤商、全國各地的日本酒莊及味噌工廠……從世界各地前往這些地方觀摩考察的主廚愈來愈多。最明顯的例子，大概就是四度榮登「全球最佳餐廳」寶座的哥本哈根餐廳「**noma**」了吧。二〇一五年，**noma**為了在東京開設期間限定的快閃店，主廚雷勒德澤皮（**René Redzepi**）前往白神山地與長野森林，拜訪當地農家及發酵食品生產者，還在鎌倉的寺院中體驗精進料理，從風土與歷史的觀點致力體驗日本飲食，嘗試理解擁有「**A Simple Art**」背景的日本料理。世界各地主廚關注的焦點，早已不再只是使用醬油或山葵這些表面工夫。

只是用單純的烹調手法料理簡樸的食材，為什麼能做出令吃的人深受吸引的料理呢？無論食材的組成或調味，看上去都極力刪減，卻為何能帶來深刻的滿足感？主廚們從親身體驗中，找到這些答案的原因之一，就在日本料理中透過發酵等手法產生「鮮味」的技術。

和食的智慧將拯救地球!?

只要善用高湯與發酵的技巧掌控鮮味，即使不使用大量肉類與奶油等動物性食材，也能完成帶來高度滿足感的美味料理。這樣的烹調方式，肯定為全世界的廚師帶來希望。為什麼這麼說呢，背後原因與地球正面臨的重大問題有關。

根據聯合國發表的試算結果，地球總人口將在二〇五〇年達到九十七億人。地球養得活這麼大量的人口嗎？人們對糧食危機的不安，促成昆蟲食品及人工肉類等食品新領域的開拓。

最近常聽到的「植物性飲食」也是其中之一。植物性飲食指的是以植物來源的食品為中心的飲食方式。雖然和素食主義或蔬食主義者同樣吃蔬果，但並未徹底排斥動物性食物，像這樣較為寬鬆的標準，就是植物性飲食的特徵。

在談論糧食危機的時候，畜產一定會被放上檯面檢視。生產一公斤牛肉需要耗費十三公斤穀物，既然如此，人類直接食用穀物才是更有效率的糧食消耗方式。除此之外，據說牛打嗝產生的甲烷造成的溫室效應，超過二氧化碳的二十五倍。如今，全球對畜產業的批判愈來愈強。轉頭往海洋望去，海洋資源的減少又是另一個不容忽視的現實。在急需摸索出「永續」食物的現在，比起思想性太過強烈的素食主義，植物性飲食確實比較容易獲得大眾認同。

日本曾有一段長期視肉食為禁忌的歷史，導致傳統日本飲食生活具有接近植物性飲食的特性。加上江戶時代確立了以米食為基礎的經濟系統，日本人的飲食生活向來以米、黃豆、蔬菜和魚類為中心。「和食」之中早已潛藏更能無痛實踐植物性飲食的體質。如果想活用過去無法百分之百運用的植物食材，高湯和發酵的技術都是能令這些食材化身美味食物的有效方法。日本人自古以來磨練出的飲食智慧，或許能為地球正面臨的問題找到一條生路。想必世界上許多主廚都抱持著同樣的想法。

給未來的提示

「日本人認為神明棲宿於森羅萬象之中，我對這種自然信仰的觀念很有共鳴喔。」最近，如此表示的外國主持愈來愈多。

相較於歐美從下往上的噴水池，日本庭園裡的水總是從高處往低處流。凡爾賽宮裡的植栽修剪為幾何學圖案，妝點日本庭園的則是反映自然景觀的山水造型。前者象徵人類對大自然的征服，後者則表達了人類與自然共生的態度。

近年來，氣候變動於世界各地引發豪雨及山林火災等天災，正說明了大自然才是人類應該敬畏的對象。在地球面臨的緊迫現狀下，人們進而開始對日本的自然觀產生共鳴。

建立於「與自然共生」基礎上的日本飲食樣貌，或許能帶領人類走向未來。現在，全世界都開始這麼認為，並對和食投以前所未有的熱切關注。

君島佐和子（Kimijima Sawako）

料理通信社主幹編輯。出生於栃木縣。曾任職於PARCO公司，擔任過自由撰稿人，一九九五年進入《料理王國》編輯部。二〇〇二年成為總編輯。二〇〇六年六月《料理通信》創刊，先擔任總編輯，後於二〇一七年七月轉為現職。在「The Cusine Press」（Web料理通信）上發表關於飲食的情報。現任辻靜雄食文化獎專門技術者獎評選委員。日本經濟新聞週日晨刊「NIKEI The STYLE/」撰稿人。設計專門雜誌《AXIS》、《& Premium》專欄連載。著作有《外食2.0》。

『庖丁』信田圭造著（ミネルヴァ書房）
『包丁と砥石』柴田書店編（柴田書店）
『料理と科学のおいしい出会い』石川伸一著（化学同人）
『和食とうま味のミステリー』北本勝ひこ著（河出書房新社）
『菌類の世界:キノコ・カビ・酵母の多様な生き方』細矢剛著（誠文堂新光社）
『こうじ菌（菌の絵本）』北垣浩志著（農山漁村文化協会）
『ふしぎなカビ オリゼー』竹内早紀子著（岩崎書店）
『日本の伝統 発酵の科学』中島春紫著（講談社）
『発酵のきほん』舘博著（誠文堂新光社）
『英国一家、日本をおかわり』マイケル・ブース著／寺西のぶ子訳（KADOKAWA）
『世界は食でつながっている』ＭＡＤ著／中村佐千江訳（KADOKAWA）
『月刊専門料理』２０１７年10月号、２０２０年３月号
『料理通信』２０１９年５月号
「発酵・麹のマガジン」https://note.com/ymurai_koji/m/mbbf77dd1a63a
『うま味って何だろう』栗原堅三著（岩波ジュニア新書）
『日本の食文化史』石毛直道著（岩波書店）
『とことんやさしい発酵の本』協和発酵バイオ株式会社編（日刊工業新聞社）
『味の文化史』河野友美著（世界書院）
『うま味の秘密（和食文化ブックレット７）』伏木亨著（思文閣出版）
「クローズアップ現代」2019年6月13日放送「あなたは“脂肪味”を感じますか？ 最新研究！味覚が健康を左右する https://www.nhk.or.jp/gendai/articles/4293/index.html（ＮＨＫ）
『タンパク質はすごい！』石浦章一著（技術評論社）
SHUN GATE「日本らしさが詰め込まれた弁当文化」https://shun-gate.com/power/power_style_29.html（凸版印刷）
『日本料理 伝統・文化大事典』長島博著（プロスター）
『歴史ごはん 食事から日本の歴史を調べる２ 平安～鎌倉～室町時代の食事』『歴史ごはん 食事から日本の歴史を調べる３ 安土・桃山～江戸時代、現代の食事』永山久夫・山本博文監修（くもん出版）
『ビジュアル 日本の住まいの歴史1古代（縄文時代～平安時代）』小泉和子監修（ゆまに書房）
『日本の食文化 新版「和食」の継承と食育』江原絢子・石川尚子編集（アイ・ケイ・コーポレーション）
『和食の歴史（和食文化ブックレット５）』原田信男著（思文閣出版）
『ヨーロッパ文化と日本文化』ルイス・フロイス著／岡田章雄訳注（岩波書店）
『大航海時代叢書 第I期9 日本教会史 上』ジョアン・ロドリーゲス著／江馬務訳（岩波書店）
『日本食と出汁――ご馳走の文化史――』松本仲子著（雄山閣）
『すしの貌』日比野光敏著（大巧社）
『すしの本』篠田統著（柴田書店）
『すしのひみつ』日比野光敏著（金の星社）
『回転スシ世界一周』玉村豊男著（光文社）
『10品でわかる日本料理』高橋拓児著（日本経済新聞社）
『わかりやすい 日本料理のサービスマナー』市川安夫著（柴田書店）

参考文獻、網站

『イネという不思議な植物』稲垣栄洋著(ちくまプリマー新書)
『お米の大研究』丸山清明監修(PHP研究所)
『日本料理とは何か』奥村彪生著(農山漁村文化協会)
『最新版 図解 知識ゼロからのコメ入門』八木宏典監修(家の光協会)
『お米の品種と産地 どうしていろいろあるの?』お米のこれからを考える編集室(理論社)
『祝いの食文化』松下幸子著(東京美術)
『昆布と日本人』奥井隆著(日経プレミアシリーズ)
『昆布を運んだ北前船』塩照夫著(北國新聞社)
本の万華鏡「第17回 日本のだし文化とうま味の発見」https://www.ndl.go.jp/kaleido/entry/17/ (国立国会図書館)
「鰹節の歴史」https://www.ninben.co.jp/about/katsuo/history/(にんべん)
『「うつわ」を食らう』神崎宣武著(日本放送出版協会)
『日本の食文化 1　食事と作法』小川直之編(吉川弘文館)
『漆の本 天然漆の魅力を探る』永瀬喜助著(研成社)
『漆の文化史』四柳嘉章著(岩波新書)
『漆の文化 受け継がれる日本の美』室瀬和美著(角川選書)
『漆百科』山本勝巳著(丸善出版)
『ほんものの漆器 買い方と使い方』荒川浩和ほか著(新潮社)
『産地別 すぐわかる うるし塗り見わけ方』仲里嘉克監修(東京美術)
『地域資源を活かす 生活工芸双書 漆1』田端雅進・橋田光監修(農山漁村文化協会)
『食卓文明論 チャブ台はどこへ消えた?』石毛直道著(中高叢書)
『箸の文化史』一色八郎著(御茶の水書房)
『魚食文化の系譜』松浦勉・越智信也・西岡不二男ほか著(雄山閣)
『日本の水産資源管理:漁業衰退の真因と復活への道を探る』片野歩・阪口功著(慶應義塾大学出版会)
『トコトンやさしい養殖の本』近畿大学水産研究所編(日刊工業新聞社)
『さしみの科学』畑江敬子著(成山堂書店)
『身近な魚のものがたり』小泉光久著/河野博監修(くもん出版)
『科学がひらくスマート農業・漁業4 魚をそだてる海の牧場』小泉光久著/河野博監修(大月書店)
『和食食材 かまぼこの世界』鈴木たね子・辻雅司著(農林統計出版)
『「まつり」の食文化』神崎宣武著(角川書店)
『神饌』南里空海著(世界文化社)
『年中行事覚書』柳田國男著(講談社)
『年中行事を「科学」する』永田久著(日本経済新聞社)
『肉食の社会史』中澤克昭著(山川出版社)
『「日本人」を知る本―人・心・衣・食・住4 日本人の食事』佐藤正光著/江原絢子監修(岩崎書店)
『日本料理の歴史』熊倉功夫著(古川弘文館)
『和食と日本文化』原田信男著(小学館)
『庖丁人の生活』中沢正著(雄山閣)
『日本料理と天皇』松本栄文著(枻出版社)

圖解·究極日本料理

透過「食卓」看日本，從各時代菜單演變，
到器皿、裝盤、上菜知識，拆解和食文化和奧祕

作者長島博（監修）
譯者邱香凝
主編唐德容
責任編輯黃雨柔
封面設計羅婕云
內頁美術設計李英娟

執行長何飛鵬
PCH集團生活旅遊事業總經理暨社長李淑霞
總編輯汪雨菁
行銷企畫經理呂妙君
行銷企劃專員許立心

出版公司
墨刻出版股份有限公司
地址：115台北市南港區昆陽街16號7樓
電話：886-2-2500-7008／傳真：886-2-2500-7796
E-mail：mook_service@hmg.com.tw
發行公司
英屬蓋曼群島商家庭傳媒股份有限公司城邦分公司
城邦讀書花園：www.cite.com.tw
劃撥：19863813／戶名：書虫股份有限公司
香港發行城邦（香港）出版集團有限公司
地址：香港九龍土瓜灣土瓜灣道86號順聯工業大廈6樓A室
電話：852-2508-6231／傳真：852-2578-9337／E-mail：hkcite@biznetvigator.com
城邦（馬新）出版集團 Cite (M) Sdn Bhd
地址：41, Jalan Radin Anum, Bandar Baru Sri Petaling, 57000 Kuala Lumpur, Malaysia.
電話：(603)90563833／傳真：(603)90576622／E-mail：services@cite.my
製版·印刷漾格科技股份有限公司
ISBN978-986-289-769-0 · 978-986-289-770-6（EPUB）
城邦書號KJ2072 **初版**2022年10月 **二刷**2024年6月
定價460元
MOOK官網www.mook.com.tw
Facebook粉絲團
MOOK墨刻出版 www.facebook.com/travelmook

日版工作人員
編輯·執筆矢口晴美
插圖大崎メグミ
裝訂·設計佐藤アキラ
攝影公文美和
料理輔助岡田隼
協助編輯上山晶子、すりながし協会
協助校正志田実恵
照片提供漆とロック
協助山長商店株式会社

國家圖書館出版品預行編目資料

圖解.究極日本料理：透過「食卓」看日本,從各時代菜單演變,到器皿、裝盤、上菜知識,拆解和食文化和奧祕/長島博作；邱香凝譯. -- 初版. -- 臺北市：墨刻出版股份有限公司出版：英屬蓋曼群島商家庭傳媒股份有限公司城邦分公司發行, 2022.10
192面；14.8×21公分. -- (SASUGAS ;72)
譯自：マンガでわかる日本料理の常識
ISBN 978-986-289-769-0(平裝)
1.CST: 飲食風俗 2.CST: 文化 3.CST: 日本
538.7831 111015529